場外人生

運動員送給迷惘的我們20種力量

曾荃鈺 著

致謝

這本書，獻給所有對自己生涯迷惘的年輕朋友，
也獻給所有認識跟不認識的運動員們，
是你們的努力激勵了我，給我力量。
謝謝「中華民國運動員生涯規劃發展協會」的合作夥伴、實習生、贊助人，
有你們的支持，是我們協會最大的富足。

推薦序

一檔值得投資的優良股票

謝文憲　台灣運動好事協會理事長／知名企業講師

去年因為我的第十本書上市，荃鈺很早就約我到台中，上他的廣播節目聊運動，我明明知道桃園到台中上通告很不值得，我為什麼還會去？

貼心與專業。

首先來談貼心，他知道我當晚在台中有場新書發表會，約同一天下午，我就不用跑兩趟；其次，電台明明在大樓裡，錄音前，他竟然在大樓門口等我，讓我很驚訝。

其次來談專業，我做廣播九年，一向是做足功課才會約訪來賓，荃鈺專業勝過我，有過之而無不及，他的訪綱內容之精細、對談之流暢、資料之完整、掌握來賓心理之綿密，的確是廣播節目主持的佼佼者，獲得金鐘青睞，實至名歸。

而他在我眼中，是一位年紀很輕，熱愛運動，將運動推廣、運動專業、運動心理、運動故事、運動產業讓更多人被看見的熱血青年。

一個國家要強，體育運動一定要很強，問題是：一般人對於體育運動的兩極化思維，很難讓台灣的運動產業化與正軌化。

首先，運動的極端思維中，中華隊要有好成績，甚至奪牌，是必備條件。故此，一日球迷、大賽運動迷都常在我們的生活周遭出現，一旦中華隊兵敗，或是大賽褪去，運動領域便不會被民眾投入大量關切。

其次，運動極端思維的另一邊，即是因為要減肥，所以我要運動。運動一旦跟減肥綁在一起，意志力薄弱就會拖垮運動本身的良善意義與本質成效。故此，三天捕魚兩天曬網的N日運動迷，在短期不見成效的日子過後，沙發馬鈴薯、忙碌上班族的藉口便故態復萌，運動變成是恐怖的負擔。

我一直認為：「選擇運動，就是選擇一種生活方式，它是一種習慣，是一種心態，而非短期利益。」

試想，我們從小學到大學，每個人生階段都有的學科是什麼？答案就是：國文跟體育。國文是語言與文學，你一定天天都會用到，體育是生活態度與人生觀，你更應該天天會用到。

然而考試會考的學科，大家都很重視，而考試不會考的體育，往往就被忽略，我今年五十三歲，學科已經離我好遙遠，而運動與體育，如今卻在我生命中占據最重要的位置。

不是我要成為中華隊的隊員，更不是要代表國家出賽，我也不是利用運動減重，對我而言：「相較於運動成績，我們更應在乎運動精神。」

在寫這篇推薦文時，我與幾位專業人士所創立的「社團法人台灣運動好事協會」，獲得一一〇年台北市體育局頒發「推動兩性平權卓越貢獻獎」，我們長期關注兒少扶助、運動平權、女性運動員，還有那些或許在大賽中不易被看見的隱形台灣之光，因為我們知道：「體育可以救國，強國必先強身。」

幫助一個需要幫助的家庭，我們有跟金錢一樣好的方法，就是扶助他們的運動成績，同步鼓勵孩子不要放棄學業，我們的力量非常有限，荃鈺會是我們最重要的支持者之一，他是最棒的運動員生涯規劃者。

我很喜歡荃鈺，也喜歡他的書，我想大概不會有人把運動員可以具備的能力，如此的細分與著墨，他的運動故事寫得非常精采，故事背後的收斂與延伸也做得恰如其分，尤其是對於運動員生涯規劃的切角，十分精準。

有時運動故事會被刻意灑狗血，或是神格化，作者很完整且具第三人視角的觀察，為讀者做出敏銳切點，再從作者角度延伸出人生態度與觀察點，我非常喜歡這樣的寫法。

如果運動員生涯規劃師曾荃鈺是一檔股票，我一定會現在買進，等待他翱翔起飛，我推薦荃鈺和他的新書。

推薦序
說出運動員沒說出口的人生

李柏賢　競爭LEAD教育中心執行長／中華康輔教育推廣協會理事

大多數的時候，我們是從讀作者的書，來認識作者這個人。而我讀這本書卻是反過來的。

我是先認識了荃鈺這個人，才拜讀他的大作。

在還沒讀這本書之前，荃鈺給我的標籤是：有溫度、理想化、知天命。什麼意思呢？我很少遇到一個人在還不到三十歲，就已經真正知道自己這輩子要做什麼。

這句話的關鍵在「真正」兩個字。

因為我有很多的學生，也同樣很早就說自己這輩子要做什麼。但往往，他們還沒想清楚，只是覺得這是一個夢想，或是模仿著他人對未來美好的想像。

而我一開始聽到荃鈺說，他要在四十歲前退休，然後專心幫助運動員，做他真正想做的事。

我當時其實不太相信，因為我覺得這個年輕人絕對是明日之星，怎麼可能放棄他擁有的光環。

果然我猜對了一半。

從我認識了荃鈺，他在二〇一五年走進我的教室開始，舞台就早已為他準備好。

荃鈺受邀到TEDx演講，主持廣播節目，在天下獨立評論跟親子天下翻轉教育撰寫專欄、與Hahow線上學校開設心智圖法圖解表達力線上課程。

他已是講師界裡的一流選手。而我沒猜到的另一半，就是他真的一直朝著他的理想、承諾前進。

他成立了「中華民國運動員生涯規劃發展協會」非營利組織推廣他運動員生涯教育的志業，把職涯跟生涯做了完美的結合，也因此誕生了這本好書。

而讀完這本書後，他的標籤又多了三個：很細膩、超認真、有智慧。

一口氣讀完荃鈺老師的大作，真的是很過癮。

本來以為有關運動員的書，像我這樣的運動門外漢，一定要硬著頭皮才能讀完，但萬萬沒想到，會這麼的好看。

說好看，又把這本書給說淺了。

這本書中的每一個篇章，都有可能是每個人在生涯規劃中常會遇到的盲點，可能因為荃鈺本身有著深厚心智圖技術的底子，每篇文章的邏輯清晰，架構完整，無論是故事或研究實例，都恰如其分的讓讀者輕鬆吸收內容。

讀完這本書，我甚至覺得每個迷惘中的夥伴都應該拜讀這本大作。

甚至已經在職場中載浮載沉的夥伴，這本書絕對會是你的福音。

不只是書中的觀點，還有各種探索自我的工具實例，更是能讓閱讀的夥伴收穫滿滿。

在此我真的要和荃鈺老師說聲謝謝，因為同為教育工作者，看到未來學生能有這本好書可以閱讀，實在太開心了。

這些年認識荃鈺，總是為他所做的事感到萬分佩服。

因為，你會看到他一路走來始終如一，接觸過他的學生，都能感受到他的溫暖。

看完這本書的念頭，我只有想該怎麼協助來推廣，讓這本書能讓更多人看見。我擔心大家以為這只是本書寫運動員精神的書，那你就大錯特錯了。光是第一章的「探索運動場　發揮天賦」，就已經能解答很多夥伴心中的疑問。而我個人更喜歡的是第二章「挑戰運動場　特殊時刻」。每一個篇章都有著真知灼見，引領你挑戰並邁向卓越。

如果你還沒有認識荃鈺這個人，這本書是非常好的敲門磚。

如果你早已聽過或接觸過他，那麼你一定是迫不及待的想翻閱這本好書。

我很幸運在人生的旅途中，能結識這個優秀的朋友，也讓我的生命增添了很多精采。

因為荃鈺的引薦，讓我有機會接觸運動志工，這些年也從這些志工身上學到了很多；也因為荃鈺的引薦，我們辦了運動員的講座，讓我第一次近距離接觸奧運金牌舉重女神郭婞淳，我永遠記得她在講座中回答學員的問題：「你喜歡舉重嗎？」

她說：這個問題很難回答，因為舉重跟一般的運動不同，其他的運動都是要努力追求成功，但是舉重的最後，一定是以失敗作結，所以，很難有那種興奮的感覺，但是這就是我選擇的人生。

聽完她真誠地表述，真的能感受到運動員所選擇的人生，是旁人無法理解的，但是真的可以激勵我們。

這本書有更多精采的對話與反思，實實在在地呈現出許多台灣運動員的故事跟想法，等著你來挖寶。

再次謝謝荃鈺寫出這本好書，造福更多的莘莘學子。

推薦序

向運動員學習，你必如鷹展翅上騰

王安智　中歐國際工商學院管理學副教授

荃鈺是個不斷重新定義自己的人。

初次遇見荃鈺，是在一場招聘大學生投入偏鄉志願服務教師的面試上，我是面試官之一。老實說，體院在讀生不是我們的首選，但所有人都對他字正腔圓、有條有理的國語文教學大感驚豔。他理所當然地獲選，後來也成為當年表現最好的志願教師之一。

一年多以後，荃鈺再次出現在我的生活圈，因為他體院畢業之後，來到我居住的城市讀圖文傳播研究所。感覺是一次大跳躍？他告訴我，在體院上過一門心智圖法選修課後，他對這項知識統整的技術非常感興趣，正跟著當時的老師持續進修。

他也曾在大學階段參與過許多影片拍攝競賽，贏得電台實習機會，對傳播並不陌生。進碩士班後，他想研究怎樣用心智圖法提升教材的使用效果。

從那時開始，荃鈺的發展始終讓我感到驚喜。他開始當心智圖法講師，不久後就有培訓界的朋友跟我說：「你知道曾荃鈺嗎？他最近滿紅的。」他接了企業或非營利組織的各種課程，站上了TED Talk的紅地毯分享運動怎樣豐富他的人生，又說他想做一個廣播節目，把運動員的故事分享給更多人知道。「空中荃運會」這個節目就這樣橫空出世，還讓他連續入圍了兩屆金鐘獎。

但當荃鈺跟我說，他已經報名鐵人賽、要挑戰半年後比完全程時，我是真的替他捏了一把冷汗。荃鈺啊，你其實不是運動員、只是認識很多運動員，你知道嗎？但他開始把各種游泳、跑步、騎行訓練，老實地塞進他四處奔波的忙碌講師行程表裡。到他參賽前一天，我還在心裡默默為他禱告，希望他「知所進退」，不要帶傷而歸。結果他不但成功完賽，不久後又報名隔年賽事、再度完賽，第二年的成績還顯著提升。

所以，後來荃鈺再說，他想從無到有組織大家，成立一個專注於運動員生涯發展輔導的協會，或者從零開始累積稿量，走上網路專欄作家之路、接著出書，我就一點都不意外了。他是講師、視覺記錄師、主播、主持人、入圍者、專欄作家、理事長、奧會委員。他從不給自己設限，所以總能變成自己想要的樣子。

荃鈺漸漸學習取捨、裁剪自己的多重面貌，在許多可能性中譜寫出動聽的主旋律。最先他想幫助運動員，一群為了極致競技表現而不斷操練自己、突破自我的人。奪牌風光也好、落敗失意也罷，他們都把自己的青春賭在同一件事情上。旁人在他們勝利時與其同享榮耀，卻沒有人想過在極為年輕的歲數退役之後，他們的未來何去何從。荃鈺想幫助他們，引導他們思考，與媒體溝通、整合資源，甚至建立個人品牌。

荃鈺自己的生命起伏是從低谷開始：大學入學考試失常，成績只夠上體院。從那時起，他想辦法探索自己、挑戰自己、超越自己。他突破框架、認真自學，專注地把握每一次的出場機會、布局自己的人生。他設定目標，然後靠著強大的意志持續追求，不怕犯錯、不怕挫折，甚至實現跨領域的學習。略有基礎之後，他組合自己手中的資源，也發揮自己在所屬社群中的影響力，平衡多方需求、借力使力。

想當初，不過是十八歲的年輕小子，哪裡來的志氣、眼界和恆心？反思一路以來的經歷，荃鈺才發現，是因為自己和一群運動員朝夕相處，才從他們身上耳濡目染，培養出深厚的生命韌性，開啟未來的無限可能。能夠不斷重新定義自己，正是運動員們在潛移默化中教會荃鈺的事。

多年以後，荃鈺立下了想幫助運動員的初心，但其實一直都是運動員幫助了自己。他只不過是從心智圖法、傳播、培訓專業中，幫運動員把難以言喻的直覺具象化，再用言盡其意的形式反哺回去，使運動員有機會知其然、也知其所以然。

運動員可以幫助荃鈺，也可以幫助你。

因為這樣深信，讓荃鈺在短時間內逼著自己堅持寫作，把他從運動員身上學到的點點滴滴，整理成這本人生的增肌指南，好鍛鍊你的心、思、力。也許你對未來感到茫然，感覺再往前走，已看不到任何前人的腳蹤。或者你正處於人生的低谷，想要振作卻身心困乏，不知該如何重新得力。又或者你知道自己的賽道在哪裡，但對手實在太強大，再練四年也難有奪牌希望。那麼這本書特別適合你。

正是書裡的三章、二十堂課，讓荃鈺實現了人生突圍。做為荃鈺的多年老友，我親眼見證他的成長、累積及蛻變。我也是教育工作者，相信一個人認真面對生命之後所得到的總結，可以幫助其他人。不要害怕踏上沒人走過的生命賽道，也不要擔心對手比自己更高、更快、更強。「奔跑卻不困倦，行走卻不疲乏」（引自聖經《以賽亞書》40:31），找到屬於你自己的運動家精神，你也可以不斷重新定義自己。

各就各位、預備、跑！更好的人生，就從翻閱下一頁開始。

名家推薦

身為一名基層體育工作者，最大的心願就是可以在未來「看見台灣是個有運動文化的國家」，要達到此願望，需要運動界的改變與創新，能夠提供解決文化傳承所造成結構性問題的方法，除了讓原本的運動文化底蘊可以更好外，也能提供對於未來台灣運動文化的想像力，而中華民國運動員生涯規劃發展協會就是台灣運動文化創新的年輕組織之一。

運動是CP值極高的教育手段，這也是為什麼要讓運動成為每個人生活一部分的原因及理由，這本書以台灣知名運動員的生命經驗與故事為核心，另外也包含知名運動產業界、企業界、作家學者等相互交織成二十種可以讓生命獲得意義感的力量，在閱讀完二十種力量後，可以體認到每種力量所帶來的能量，其中最啟發我個人的是「敏捷力」與「極簡力」，讓我更確立人生的方向與目標。

真心推薦準備閱讀此跨界之作的你，這是一本給正在努力奔跑，為美好人生奮鬥的每一位夥伴，如果你是體育人，那就必定珍藏此作。很幸運能夠認識荃鈺，在體育路上有您真好！

——草根體育課線上社群、台灣草根體育協會共同發起人　王信凱

在一次的合作認識了荃鈺哥，跟他相處時發現他有著「努力讓自己發光，去照耀他人的特質」，合作過程中不只感到溫暖、也被他熱情活力的個性感染，而他總能把我們心中的「感覺」有邏輯條理的歸納出來，甚至有時候都覺得他比身為運動員的我，還要了解運動員，雖然只有一次短暫的合作，卻受到他大大的啟發，相信看完這本書的你，也會有相同的感受。

——羽球國手　白馭珀

每個人心中，都一定會有一位屬於自己的體育偶像，深刻的影響自己的人生，然而，除了在競技場上的榮耀時刻外，在運動場外，選手們也經歷了如同你我的各

種人生挑戰，這本《場外人生——運動員送給迷惘的我們20種力量》是第一本從台灣運動員角度出發，從運動員的思維跟行為中學習，荃鈺用他十一年參與奧林匹克研討會，親身接觸、訪談教學積累的選手故事與反思，為我們帶來這本好書，相信我們每個人都能從其中，找到屬於你生命成長的動能養分。

——職涯實驗室創辦人／職涯教練／作家　何則文

荃鈺這些年來協助運動員開創兩件很重要的事。一是「突破框架，找到自我價值」，二是「為自己發聲也為弱勢發聲，發揮社會影響力」。認識荃鈺六年，也合作過很多活動，他確實是在指引「支持系統弱勢」的孩子，走出一條看見自我價值的航道；這確實不是我們習慣對「運動員」這角色在做的事，但對於在鄉村教育現場的我們來說，卻是非常難能可貴的堅持。對運動的孩子們來說，最大的支持系統就是自己，而引領著他們的，是許多運動員前輩的風範。

荃鈺長期陪伴運動員，看見運動員的需求，協助他們整理自我，引領發揮潛能，以不同的角度讓運動員優勢的價值得以展現。這本書淺顯易懂的呈現出荃鈺這些年非常寶貴的經驗整理，內容好看到讓我驚豔，非常推薦。

——財團法人孩子的書屋文教基金會副執行長　林逸羣

曾經我也是運動選手，專攻射箭，而我的兄姊、弟妹都是柔道選手，但我在高中就放棄了職業選手的路，因為當時親眼看見台灣對於運動選手的不重視，以及體育環境的不健全。如果當時能有像荃鈺這樣積極推動運動環境與選手職涯發展的人出現，或許我會繼續往運動發展。運動給人的好處不僅身心健康，更能給人許多激勵與啟發，而運動員的成長歷程有孤單、煎熬，如何面對這些人生的挑戰，運動員有自己一套獨特的「哲學」，透過這本書，或許能給迷惘的人很多啟發。謝謝荃鈺，讓我們看見運動發展的希望，更讓我們看見運動員的內在智慧。

——甘樂文創執行長／十大傑出青年　林峻丞

這本書在荃鈺老師的筆下，清楚看見他對運動員生涯規劃的執著與關注，是一本有故事也有方法，引導運動員規劃未來職場的工具書。身為連鎖飲料品牌的高階管理者跟看著兒子一路成為國手的母親，在企業經營中，我欣賞運動員的精神，在職涯方向上，荃鈺更是我兒子的心靈導師，這是一本值得體育班學生跟家長們細細品讀的好書。

——雅嵐股份有限公司中區50嵐集團董事　柯秋燕

我見過共鳴眾志的演說家，也碰過細膩風趣的主持者，有時也遇上神采飛奕的體育人，他們三個不常在同一處，但每當我遇到荃鈺時，就能夠一次滿足。運動員總是大眾仰望的新星，高懸綻放，而當邁入後運動員時期，又該如何二次起跳？這本書煉淬了人生挑戰者的經驗，教給我們在人生賽道上的二十種力，比牛頓還要多，是人人都可上手閱讀的好書。

——連續創業家／圖靈鏈科技共同創辦人暨執行長　胡耀傑

如果你屬於冷門科系，走在一條不太一樣的職業道路上；如果你想要破解舊有思維，找到自己改變的契機和方法；如果想知道體育、廣播、講師和組織是怎麼被結合發力，成為他走出與眾不同的道路——那我會建議你可以認識荃鈺，看看他怎麼走過這些不一樣，一路上破解一般人對於運動科系的想像，還能組織一群人，跨界合作把自己的理想推向主流社會，逐步實現，從0到1開創新的制度。

——雷蒙三十創辦人／《生活黑客之路》主筆　侯智薰

我印象中的荃鈺學長，是個常常將笑容掛在臉上，且比身為運動員的我們都更相信運動員的努力應該被看見的人；他總是把運動員放在第一位，用行動訪問跟持續書寫選手故事，讓社會大眾更了解運動員在獎牌、成績以外的另一面。我想，沒有誰比他更清楚，運動員如果學會訴說自己的故事站上舞台，能展現出多大的魅力跟影響力。期待更多社會大眾能夠透過這本書，從運動員身上看見那股穩定與正向的力量。

——東京奧運舉重金牌紀錄保持人／世界舉重冠軍　郭婞淳

在荃鈺的這本書中，你可以看見運動員對於自己生涯規劃的思考、面對迷惘時的超越、推動人生目標的動力。運動員的身體是職涯的資本，不只需要將自身的肉體作為精密儀器般仔細校調，更要在精神層面不斷地克服恐懼與壓力。荃鈺在書中談核心競爭力、談觀察、談布局與平衡，最後你發現，這本書其實是寫給面對著每日挑戰的你。

——台灣數位外交協會理事長　郭家佑

這是一本從作者到每一位故事主人翁我都認識的書。身為運動員，一幕幕熟悉的場景與比賽時的心境，我真的能感同身受，而令我驚豔的是，荃鈺能夠將運動員努力過程中值得學習之處延伸出具體的執行方案與細節，讓運動領域與非運動領域者皆能受用。

謝謝荃鈺看到運動員的價值，引經據典並呈現出實用且感動人的生涯規劃指引，對正值生涯轉換階段的運動員來說無疑是提供了一把釣竿，是穩穩接住迷惘運動員的力量。我個人歷經了從運動場上退役，再進入職場，回學校讀書後到自行創業，對現階段已經處於人生穩定狀態的我來說，閱讀此書後，我再度歸零，運用書中的方法，優化現階段的自己，這本書依然對我相當有幫助，我很推薦，也謝謝荃鈺與每一位支持運動員的你。

——跆拳道奧運金牌／國訓中心董事　陳怡安

記得是在二〇一三年認識荃鈺，他總是讓人感覺到很溫暖，之後我們偶爾約喝咖啡聊聊天，他常常是陪伴我們生活的精神老師。這本書集結了他接觸不同領域、專長選手的故事，荃鈺用他的專業統整出多元的實際案例，相信能給還在探索中的選手、一般人能有所啟發，找到生涯方向。

——東京奧運四百公尺跨欄國手　陳傑

這本書開啟了運動員生涯發展的新思維、新方法與新的機會。人生的命運非機遇，而是在做「智慧的選擇」。荃鈺在本書中將運動員的體育「能力」與「知識」做轉化，讓運動員在運動場上的技術、態度與精神可以實踐在你我的生活與工作中，本書有助運動員在生活與事業上做出有智慧的選擇，是一本值得參考的生涯規劃指南。

——前教育部體育署副署長／中華奧會教育委員會主委／中華民國大師運動協會理事長　彭臺臨

說起運動，許多人開始運動是為了健康的原因或是為了健美的體態，鍛鍊肌力，消除體脂，活絡筋骨。身邊有不少朋友喜歡看職業運動比賽，欣賞選手神乎其技的技巧和高張力的比賽過程。但是只有少數人看見運動員或運動本身存在，值得我們反思的啟發。荃鈺這本《場外人生》提供一個不同的維度，讓我們看見運動員在生命與生活中更加真實的挑戰，和其中隱藏於其中的觀念，歸納出二十項值得我們學習、操練的力量。成為一流的運動員，的確需要肢體上辛苦的練習，但這過程更是「操練心智，鍛鍊生命」，而這是每一個人都需要的運動。謝謝荃鈺寫出這本好看又深刻的書，希望每個人都能讀到它。

——閱讀理解雜誌暨品學堂創辦人　黃國珍

我很幸運可以成為荃鈺老師的學生，荃鈺老師是個非常好的傾聽者，記得在大二時第一次上荃鈺老師的課，老師教會我「目標設定九宮格」的執行方式，我也靜下心來思考並完成自己的目標設定，用視覺化的圖表清晰呈現，更能明確的執行實踐目標。「設定目標」一直都是我們運動員必須做的事，書中的目標力更是將清晰的步驟、方法結合我的案例故事完整呈現，希望我的經歷也可以成為大家的經驗，在實踐目標的同時，也找到自己人生的價值。

——東京奧運銀牌「柔道男神」　楊勇緯

年輕時喜歡看企業家傳記，研究其成功之道，怎知多年後發現，包裝誇大的居多，商場的爾虞我詐，對我來說太複雜；後來迷上運動員傳記，運動員人生場上場下高低起伏的故事則真實得多。荃鈺的新書，串聯了許多台灣運動員的生涯轉折，這都是確實發生在你我周邊的故事，很好看，很具啟發，真心推薦給大家。

——中華民國國際體育運動志工交流協會 理事長　詹鈞智

《場外人生——運動員送給迷惘的我們20種力量》對過去也是棒球運動員的我來說，書中內容宛如回顧過去自己追夢的過程，各種選手會碰到的狀況，書中清楚的點出問題、正視問題再到解決問題，讓我越看越帶勁，也給了我很大的啟發，這本書，非常推薦給遇到生涯迷惘的朋友們。

——中信兄弟球探　鄭凱應

很少遇到比運動員、健身教練還更能帶給人一種神采奕奕、活力充沛的感覺，他是荃鈺。三年多前在國家訓練中心餐廳裡我們無話不談，荃鈺總是能讓我發現自己除了運動員以外的另一面自己及更多的可能性，荃鈺讓我從一個運動員到接下大型千人演講、多場兩岸線上講座，還成立了個人品牌，與業界廠商跨界合作，荃鈺總是能讓我在每次與他對談的過程中獲得啟發，也謝謝他讓運動員的故事不被遺忘，很榮幸推薦協會的新書！

——六屆划船雙人雙槳全運會金牌／亞運國手／十年一槳划船品牌創辦人　蔡瀚陞

荃鈺學長真的是位奧林匹克精神的實踐者。我是在二〇一六年里約奧運會射箭決賽場觀眾席上認識荃鈺學長的，今年東京奧運後，終於有機會第一次站到舞台上演講分享一路走來的心路歷程，有幸跟荃鈺學長合作深聊，學長對體育界的認知遠遠超越我所能觸及的領域，短短一小時的深度對話就已經將我成功圈粉，且扎實的事前準備跟演講現場的互動對談，更能感受到學長投入體育研究之深入，很慶幸自己能夠有機會推薦此書，感受學長散發出的運動家氣息，誠摯的推薦各位讀者收編這本大作，感受荃鈺學長帶給各位比運動家還運動家的奧林匹克精神吧！

——東京奧運射箭團體銀牌國手　魏均珩

自序
我們能向運動員學到了什麼？

從沒想過可以寫一本書，而且是跟運動有關。

「運動」是一個很特別的場域，尤其是在台灣。

我記得自己國小時，最喜歡的社團活動就是舞龍舞獅，玩著玩著在台南廟會街頭，享受流汗後可以伸手到橘色塑膠大冰桶中拿取彈珠汽水的暢快，表演後還有錢賺，我當時想：「舞龍舞獅應該就是世界上最棒的工作了吧！」

高中時就讀升學班，每天被考試壓力壓得喘不過氣來時，田徑場就變成唯一可以解放的地方，或許因為逃避壓力，我大學選擇就讀台體大運健系，也算是圓了自己說不出口的想法；但畢業十年後回頭想想，我現在擁有的一切，其實都是運動教會我的，運動讓我學習像哲學家一樣的思考，同時也像古代奧運運動員一樣的去做、去體驗，試著做一個腦袋與身體合一，有敬畏、有榮譽、有眼光、有思想的體育人，而我也在訪談超過一百五十位運動員後發現，許多運動員身上確實有這種獨特看事物的角度，他們總是啟發我，只不過需要走得離選手們更近，觀察得夠久，才會被他們深深打動。

東京奧運期間，因為疫情我們協會與校外體育系開始辦理每週六晚上八點的線上體育時事論壇《圓桌體育大會》，查資料時發現，二〇一九年日本學研教育綜合研究所近期發布的《小學生白皮書》調查顯示，日本小學男生，把足球運動員放在理想職業的第二位，棒球運動員則是第三位，這在升學主義至上的台灣幾乎是不可能發生。日本的運動員不論是明星球員或是一般選手，在社會上都有其精神指標性，甚至被人尊重，雖然兩地國情文化不同，但我相信幫助台灣運動員找到與社會的連結，自信是首要問題。

教育部統計二〇二〇年國高中體育班學生人數達到四萬人的門檻，每年這些體育班的孩子們畢業後，生涯出路堪憂，國小、國中、高中三階段體育班招收人數分布不均，六成國中體育班畢業生，無法順利銜接至高中體育班培訓，高中畢業後大多數無法用體育升學，消耗許多社會資源，如果觀察背後結構性的原因，其實是民眾根本不覺得運動員的存在與否和他們的生活有哪些相關。

觀察台灣體育相關書籍也可以推知一二，除了體育教科書（請各位仔細回想一下自己國中、國小的體育課本真的有翻開過嗎？），就是健身、食品營養跟醫療的書籍會談到運動，最後則是國際知名選手的人生傳記，但關於台灣運動員自己的故事，以及論述運動員精神的讀本卻是少之又少。

本書就是希望可以創造一個新的嘗試，將運動場的場域切分成三個章節段落，分別是探索運動場（Before Sport）發揮天賦、挑戰運動場（During Sport）特殊時刻以及超越運動場（After Sport）轉換實踐，並且思考這些運動場外選手們身上的精神與力量，可以如何轉移到我們日常生活當中，跟我們彼此連結，也讓運動員的精神跟價值可以被彰顯。

為了讓文章內容更好閱讀，我引用哈佛大學戴維．珀金斯（David Perkins）教授的一套理論，他稱之為全局性的理解（big understanding），從四個方向深化我們對運動員精神價值與知識的理解，分別是：

1. 深刻洞見：將學到的知識賦予情境，善用比喻，透視現象看見本質，轉化成理解這個世界運作機制的見解。

2. 行動原則：讓這個知識所學，對我們將來的行動具有指導的意義。

3. 價值取捨：思考這個知識的適用範圍，連結社會規範，倫理道德與個人的價值觀。

4. 機會連結：思考這個知識在不同的領域，以不同的形式呈現，是否有新的機會跟場合運用的可能性。

這本書中，我們試著將運動員身上的「體育能力與知識轉化」，也就是試試看能否將運動員身上的抽象精神，轉化應用在我們日常的行動跟價值觀上，跟生活案例連結在一起，讓運動員的專業能力跟每天的訓練，不只用在運動場上，還可以轉化遷移到職場、生活上，當我們看待運動員的角度產生質變，運動員的生涯也將開始改變。

我們能向運動員學到什麼？

很幸運的，從我有這樣的想法開始，有機會連續十一年參與奧林匹克研討會的經歷，讓我在二〇一七年有幸開始主持廣播節目「空中荃運會」，透過專訪運動員聊他的生命故事，我自己很受到啟發，節目也因此入圍過兩屆的金鐘獎，之後陸續到希臘奧林匹亞發表學士後研究，到捷克第二大城布爾諾分享台灣的奧林匹克教育，這期間我思考更多的是，該如何讓更多選手的故事被搜尋、被更多人看見，於是二〇二〇年開始，陸續將運動員的故事撰寫到運動員生涯教育學院網站、運動視界等網路平台上，二〇二一年初更有機會在天下獨立評論撰寫體育專欄「運動待轉區」，分享許多運動員的生涯故事、轉變與成長的歷程，同年在東京奧運的熱度下，也在親子天下翻轉教育撰寫體育教育文章，這些經歷真的都是因為運動，讓我可以接觸到更多的可能，我也見證著台灣對於運動選手的觀念正在轉變，影響力也漸漸浮現。

其實不管做什麼樣的運動，我們的身體絕對是伴隨我們一生最久的，比你的工作甚至是家人、情人都還要久。運動不僅僅是為了健康的考量，也不僅僅是為了成績、為了名次跟跑得多快、破了多少紀錄，運動像是一種修行，你會在運動中讓身體帶著你，指引你到你不曾走過的地方，在行動之間讓你的靈魂再次活了過來。

或許，我們不用聽太多偉人的故事，因為這些故事往往隨時間逸散，真假參半，但在我們每個人身邊，都有許多平凡的運動員，聆聽他們真實的故事，在那對你來說既熟悉又陌生的運動場上，他們承受難以言喻的挫折、眼光、壓力、痛苦，熬了過來，你將覺得自己也可以不再平凡。

過去在台灣，運動員身上的故事時常被小看了，我深深相信，一個進步的社會，是當我們不再去小看身邊的每一個人，一日球迷也好，資深體育人也罷，當大家能夠看到的，不只是運動場上的精采，運動場下選手們身上的精采，也同樣很有價值，我們就會朝向更美好，更重視「人」的方向前進，那麼這本書的存在，就有價值了。

contents
目錄

contents

目錄

Part 1

探索運動場

Before Sport

發揮天賦

01

破框力
當熱血遇上冷板凳

當每個人都覺得你已經足夠時，
你依然持續更嚴格的砥礪自己……
去享受那份不適感，
不然，就去別的地方享受失敗。

——麥可．喬丹御用訓練師提姆．葛洛佛（Tim S. Grover）
《強者之道》

打從我們出生開始，就不斷在突破自己。從爬至走、從走到跑；從依靠母親呼吸至誕生那一瞬間所吸的第一口空氣，都是屬於自己的突破，然而隨著時間推移、年齡的增長，要想突破框架反而變得越來越難了。但，真的是如此嗎？

賽場上的成績框架，每位運動員都想打破，正如同生活上那些討人厭的框框條條，人人都想跳脫一般，但是，當破框的機會真的臨到你身上時，又有多少人真的敢走那條人煙稀少的路呢？突破常規，超乎期待總是屬於少數人的，更別說當生涯出現分岔點，當熱血遇上冷板凳時，選擇突破既有的框架，是件多麼不容易的事。

破框，需要懂得回顧自我優勢，也要思考機會成本

某一年聖誕節前夕，我認識了一位思想成熟的籃球運動員。

身高一百八十五公分，球風強硬、防守能力強、基本功紮實……背號2號的潘向挺，生涯卻始終都拿第一。從籃球名校苗栗明仁國中打完JHBL畢業後，接連

在U16亞青、HBL能仁家商、UBA國立體大到SBL台啤，一路走來都是冠軍。從沒嘗過失敗的滋味的他，卻在二十五歲職籃國手的黃金時段選擇退休。會做出這樣的選擇，潘向挺有他深思後的理由。

潘向挺說：「每個喜歡打籃球的孩子，都會夢想著自己有一天成為SBL職業籃球選手。但當我在選秀第二輪選上SBL台啤之後，卻是我籃球生涯低潮的開始。」潘向挺從小到大都是打主力先發，但是在SBL時期，兩個季度僅出賽十四場比賽，潘向挺每天苦練，但板凳卻愈坐愈冷。時間一拉長，那種失落與沮喪感無以言喻。當在場上的節奏跟感覺跑掉，對自己也會愈來愈沒有自信。突然被換上場時急著想表現，結果往往差強人意，心理壓力又會更大。

打球可以賺錢，但是我能打一輩子嗎？

當時坐在板凳上的潘向挺時常這樣問自己，台灣SBL的薪資，如果無法讓我靠打球賺到一輩子的財富，那我勢必要改變跳出這個既有的框架，才能夠銜接社會，找到自己不同的可能性，增加未來進入社會的優勢。

他也清楚地知道前有學長、後有新秀，認清了自己的角色定位後，想了想如果自己還能讀書，也不害怕嘗試，何不走到籃球外的世界試一試呢？就這樣，籃球路上看似一帆風順的潘向挺，卻在最後一個層級選擇離開待了將近十幾年的籃球圈，「脫離了」原先束縛住他的框架。

突破他人給你的「合約身價」，看見合約外的「自我價值」

當有人問潘向挺說：「你能夠放下ＳＢＬ冠軍的光環，拿更少的薪水從基層做起嗎？」潘向挺在心裡默默告訴自己：「現在賺多少錢，不該是決定我去留的理由，我能夠為未來累積多少，靠腦袋賺錢才是本事！」

流著阿里山鄒族血液的潘向挺，回想起國小時曾有老師這麼說道：「你整天都在打球，靠打球可以當飯吃嗎？」這句話使當時的他在心中告訴自己：「我一定要打到SBL，靠運動賺錢證明給你看！」突破他人認為他做不到的框框，或許潘向挺就是有這種不屈不撓的精神，連帶造就了面臨人生轉折點時無所畏懼的自信。

最後，潘向挺選擇到法國品牌迪卡儂運動用品集團，從實習生開始學起。對他而言，物流、進貨、貨品陳設、行銷、商業策略圖、經濟表現圖……都是全新的領域。有些人笑他這樣做是浪費天賦。但潘向挺認為一個人的價值，不是只看當下一紙合約上的數字是多少，而是放眼五到十年後的未來，自己是在增值還是貶值？

當球員生涯走下坡的三十歲，籃球還會是唯一的選項嗎？「如果我可以提前，在高峰二十五歲時找出路，見好就收，趁還年輕到企業學習個五到十年，我不但有了運動員的經歷與特點，容易被企業選中之外，五年後三十歲的我，跟三十歲整體表現正在下坡的運動員，將會產生一個黃金交叉，到那個時候，或許當初嘲笑我太傻的人，說不定就不會這麼說了，這只是每個人思考生涯的長度不同而已……」

抓到自己生涯的節奏，知道自己在做什麼，選擇什麼都不會可惜

「生涯選擇本來就沒有標準答案，職涯轉換初期有猶豫很正常，只要把眼光看得遠一點，或許答案就會不一樣。」

想要打破框架，除了要破自己心裡的框，有時候還要應付別人的眼光。「大多數人認為我不打球很可惜，但是一直打球，卻不知道自己還能做什麼。一輩子只會打球，這樣的生涯其實更可惜，因為你根本不知道自己錯過了什麼。」潘向挺說：「會覺得可惜都是比較來的，誰說當SBL球員就一定比當業務、開飲料店的工作好？大家都是用自己的雙手努力賺來的收入，賺錢讓家人溫飽不會丟臉，每個工作都有他的價值，關鍵是知道自己想要什麼。」

選手轉職到職場，雖然很多看似要從頭學起，但其實也有許多運動員獨有的特色跟加分的地方，潘向挺認為，「像是在職場做錯事或是接到客訴，有些人會不敢承認或是會手忙腳亂，但我從籃球場上學到的抗壓能力，對球賽這種一翻兩瞪眼的

結果，我都能在如此高壓的環境下完成任務，在工作上也更能承擔責任，勇於認錯，快速學習修正。這都是我在職場上，因為當過運動員而加分的事。」

負責面試潘向挺的迪卡儂營運總監游家毓則說道：「我們當時其實最好奇的就是，一位二十五歲，正值青春有名的SBL明星球員，真的可以放下身段嗎？但事實證明，我們從試用時期的觀察跟他平常待人處事的細節上來看，潘向挺確實有善用他運動員的優勢，不怕人群，抗壓力高，也懂得激勵別人與團隊合作，這些是我們公司非常看重的。」

「我曾認識三十幾歲的職籃老將，自己還想打也還能打，但卻不被續約，對其他球隊來說他年紀又太大，結果面對生涯困境。如果這之前都沒有其他的轉職規劃，家裡有妻小、有房貸車貸，要轉職的壓力肯定比現在的我還要大。」潘向挺想得長遠，卻也實際，你不退休，早晚也會「被退休」，不要讓自己無路可退，而是見好就收。你留戀舊有的光環不放，當光環不在時，老東家還有沒有辦法將尊嚴留給你，還是告訴你因為現實身不由己，恐怕等你遇到時已經來不及。

「過去我在SBL享受過掌聲跟光環，這些都會過去，把光環留在記憶，把尊

嚴留給自己，認清現實，或許放下光環後的人生，依然可以精采萬分。」

有誰能想到，當時在籃球場上的奮鬥經驗，現在能讓他轉換至職場上並發揮實質的效應？潘向挺將球場上的挫折，轉換成為未來生涯思考的養分跟助力，跳脫出原先的框架，突破出一道屬於自己的人生新道路，並且持續地往前邁進。

我們都喜歡做擅長的事情，專家如此，運動員也是如此。一般的運動員會專注在自己曾經成功的經驗上，因為他們相信這樣的作法可以幫助它再次成功，但優秀的運動員，會懂得「破框」思考，不眷戀在過去的成功上，反而聚焦在如何突破過去的自己，迎來下一個成功。

暢銷書《有錢人跟你想的不一樣》作者T．哈福．艾克（T.Harv Eker）曾說：「你所專注的事情會被放大。」這有點像認知心理的「瞳孔效應」一樣，人就是會看到自己所專注跟在乎的事物，而一般的運動員專注在過去的成功跟如何避免失敗，而真正優秀的運動員則是專注在如何打破舊的自己，迎向新的成功。但要怎麼真的破框呢？你必須要先行動再修正，只有做了才知道結果如何，只有先跨出去，才有延伸的可能。

對選手來說，突破既有的框架，是一件不容易，卻又必須天天做的事情。運動比賽之所以激勵人心，正是因為在運動規則中卻能跳脫束縛，飛躍灌籃，在十二碼以不可思議的角度，觸網得分，在看似體能已經到了極限，卻又在關鍵時刻一舉超前，這些突破，都來自於先前默默地累積，所有精采都是靠著大量汗水及淚水交織而成的。

有些人永遠都在準備，永遠都覺得不足不夠，直到機會不再，他們不相信自己，不認為自己有能力可以開始，但頂尖的運動員會勇敢去嘗試，嘗試後修正，再嘗試，直到產生改變。

破框力 TIPS

- 破框，要懂得回顧自我優勢，也要思考機會成本。
- 突破他人給你的框架，看見框架外的「自我價值」。
- 除了要破自己內心自我懷疑的框架，有時後還得要應付別人的眼光。
- 先行動再修正，只有先跨出去，才有延伸的可能。
- 在你極大弱點的背面，可能就是破框的關鍵。

02

覺察力
身體就是心最好的支點

種子再飽滿，也需要大地的滋養。

——一行禪師《正念的奇蹟》

你能夠自由控制自己的身體嗎？

跟大家玩個小遊戲。試試看你的末梢肌肉是否都可以自由的移動。這個遊戲就像是小時候在玩「烏龜烏龜翹」一樣，請將你的兩個手掌向下，攤開平放在桌上，你有辦法分別控制自己的十根手指頭嗎？如果手指頭完成了，那你有辦法分別控制自己的十根腳趾頭，讓腳趾頭可以分別單獨往下壓嗎（可以用手指上扳協助）？

肢體的動作控制，需要整個身體的投入，包括呼吸。教導了七十年的正念教育，世界上最著名的禪師之一的一行禪師，曾經在他的著作《怎麼走》中有這樣一段描述：

首先提起腳。吸氣。
向前踏步，先放下腳跟，然後是腳趾。
呼氣。

感受腳底穩定地踏在大地上。

你已經到了。

意識到自己的身體，是開啟身體覺察的第一步。一行禪師從我們每天的行走中提醒我們，走路時，我們多半只想到一件事，那就是要去到某個地方。但是從啟程到終點之間，我們在哪裡呢？

每踏出一步，我們都能感受到行走在堅實大地的奇蹟。於是隨著每個步伐，我們來到當下一刻。如果我們能套用自己剛學走路時，那種邊走邊感受、純粹享受走路的狀態，便可以再次以學步時的精神來好好走路。

你懂得照顧自己嗎？

優秀的運動員，是覺察自己跟賽場關係的高手

覺察就像是在照鏡子。出門前照鏡子，讓我們知道自己現在看起來如何，打扮

合不合宜，鏡子的目的不是給我們該怎麼穿搭的「答案」，而是讓我們如實的看見自己真正的狀態，然後調整自己的狀態，能夠符合環境的期待。

在心理學的定義上，自我覺察，就是一種認識、調整自我跟環境、社會關係的心理能力，這不僅僅包含對自己的體察，也包含對環境的敏銳，從而更加了解自己的動機、個性、行為模式等，進一步意識到自己在環境中的處境，並且調和行為跟期望之間的距離。

愈是優秀的運動員，就愈是覺察自己跟賽場關係的高手。參加過二〇一二年倫敦奧運、二〇一四年仁川亞運、二〇一六年里約奧運的台灣跨欄好手陳傑，就是一位非常懂得問自己問題，並且覺察自身訓練狀態，並且在跨欄這個精密計算欄架距離跟步數的田徑運動場上，從二〇〇八年到二〇一六年的八年期間，陳傑的四百公尺跨欄成績從五七．四秒，進步到四九．〇五秒，每年以一秒的成績持續且不間斷的推進，陳傑用他的高敏感跟自我覺察，幫助自己開啟跟運動的對話與理解，並且調節自身與外在的關係。

田徑界公認的模範生陳傑，跟父親陳光明一樣，都是田徑跨欄好手，小小年紀的陳傑其實也期待能夠像爸爸一樣在田徑賽場上馳騁，雖然小時候多方嘗試各種運動，田徑的起步較晚，但高三的陳傑就打破了高懸十四年的高中男子跨欄紀錄，二十歲的陳傑又在二〇一二年全大運四百公尺跨欄項目上，以四九．六八秒的成績拿下奧運B標進軍倫敦奧運，這些賽場上的經驗，有時成功有時失敗，但在這些高高低低的成績背後，陳傑是從每個小細節不斷的思考、反思、規劃出來的；訪談陳傑時他也提到，平時休閒時最喜歡閱讀頂尖選手的自傳，去想像他們經歷挫折時如何面對，如何克服壓力，從他人身上領會更多。

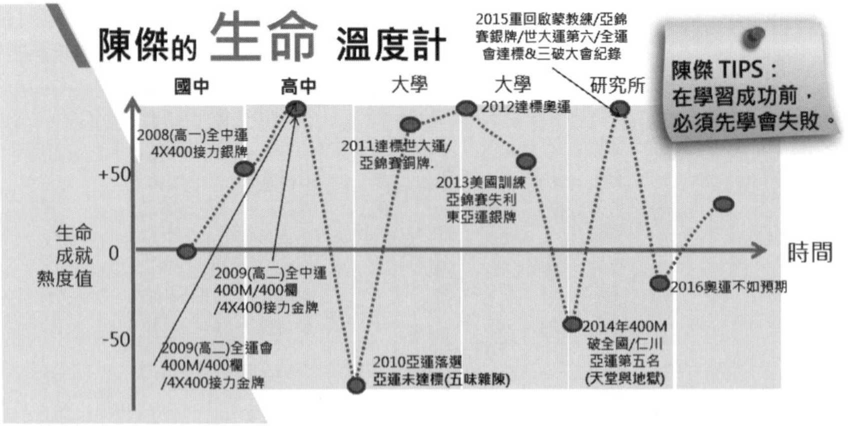

什麼是覺察？

精微而敏銳，放鬆不癱垮

請靜下心來，問問自己：

1 你能夠多久不碰手機，不滑IG而不會手癢難耐？

2 你上一次仔細觀察自己的呼吸是什麼時候？

3 你是否能夠全心全意聽別人說話、分享？

4 你能力強、斜槓又多工，每天吞進大量資訊，但時間是不是依然不夠？

覺察，就像是冷氣的溫度偵測器，縱使你有大功率的超大台冷氣，如果偵測溫度的功能壞掉了，便無法知道現在外面是冷是熱，功率再大也無法維持合適的溫度。而覺察的英文awareness，其字根aware有注意跟警醒的意思，西方的覺察強調繃緊神經，小心翼翼，注意周遭的變化，但是來自東方，從孔子雅樂舞中延伸出的身心中軸覺察（Body-Mind Axial Awareness, BAMM，連韻文老師科技部計畫研究），指的則是要放鬆，鬆而不垮，找到身體的支點，如此一來就能達到身心安頓的狀態。

身體，就是心最好的支點

你知道叢林裡的野獸若是受了傷，牠們會找一處安靜、安全的地點來休養，動也不動地在那裡待上許多天嗎？因為動物們知道，這是療癒自己的最佳方式，反觀人類，往往在忙碌、充滿壓力的生活中，忘記了休息，喪失了這種靜止與療癒的內在智慧。

現在，你可以試著再放鬆一點。

你會想要一直用意識去控制自己的身體，那是因為你對自己的身體失去信心，不相信身體的本能。放鬆這件事情無法勉強，就如同你無法咬緊牙根卻更放鬆一樣。你可以試著覺察自己的呼吸，這種放鬆的呼吸方法，像是慈愛的父母抱著幼兒說：「別擔心，我會好好照顧你，你只要休息就好。」

意念放空，身體放鬆，找回自己身體的好感覺

我們每天都靠著身體完成許多事情，然而我們卻鮮少思考身體對我們來說是什麼？身體動作的控制，難道只來自於我的意念嗎？那身體只是一個負責執行我意念的容器而已嗎？

其實，身體也有感覺，只是我們一直處在移動的慣性，不停的奔波忙碌，就連在睡覺時也一樣。先停下來，讓自己專注在當下，沉浸在當下的呼吸中。現在，你

可以試著默唸以下這首短詩：

吸氣，我知道自己正在吸氣。
呼氣，我知道自己更在呼氣。

或者，你可以念得更短一些，效果也一樣好：

吸氣。
呼氣。

覺察自己的呼吸。

呼吸，是安穩而踏實的基地，每個呼吸都能帶來喜悅，感受呼吸，就是踏實的活著。無論你被情緒淹沒、被思緒左右，還是感到焦慮渙散，請回到你的呼吸，那是一切的起點，只要對呼吸保持覺察，那麼呼吸自然就會變得輕盈、自在、寧靜、安定。

怎麼更好的照顧自己？

注意但不在意，處理但不執著

自覺是治療的開始。覺察自己的身心狀態，是照顧自己的第一步，因為能夠陪伴我們一生的，只有自己。我們都有目標、都有對生命的追求，就像運動員為了勝利而持續努力，但比賽跟練習時不能老想著贏，必須得專注當下，關注全場。練習後要反省反思、放掉自我，有目標但不帶目的性，這就是覺察的功夫，越是放鬆，你才能注意但不在意，處理但不執著，踏踏實實的，享受每一刻，更好的照顧自己。

想要增進覺察的能力

以色列歷史學家哈拉瑞（Yuval Noah Harari）著有《人類大歷史》、《人類大命運》、《二十一世紀的二十一堂課》三本暢銷書，有人問他，年紀輕輕是怎麼做到的？他說，每年他會花一個月的時間，放下手邊的工作，到亞洲的某個城市去進行正念（mindfulness）與覺察練習，這段時間他要做的唯一一件事情，就是「專注」在自己生活的每一刻；專注於用餐的當下，專注於傾聽內在。哈拉瑞認為這樣的自我覺察訓練，對於他自己的寫作跟學術研究，有非常重要的影響。

其實就連心理治療大師榮格，也為了能夠隔絕外界的干擾，特別在蘇黎世的郊區小鎮蓋了一間塔屋，在這寧靜之地進行他的日常工作。在那裡，他可以不受打擾的進行思考跟研究，不受到外界的資訊跟環境打擾，對現代的我們來說，擁有一個自己安靜的空間，不被3C或是電子產品干擾，或許在家中就也可以是鍛鍊覺察的好地方。

另外，《深度洞察力》（*Insight*）這本書的作者塔莎．歐里希（Tasha Eurich）是一位組織心理學家，她在許多企業商業管理的實務研究中發現，一個具有高度自我覺察的人，其實他們在看待事情的觀點上都是多元的，不會只侷限於單一立場。換言之，他們用一種開放的態度，接受事情本來就是多面向的複雜本質，不會只有單一觀點或是立場。

適當的自我覺察可以幫助我們了解自己，掌握自己的內在狀態，但是過度的自我關注卻不一定好，一旦我們花費太多的專注力在自己的身上，也會妨礙到我們眼前該做的事情。總之，適度的覺察練習沒有一定的標準，但是你自己一定知道，透過探索自己的情緒、跳脫框架思考自己是如何思考，以及創造多元的觀點，這些方法都可以幫助我們從日常生活中做到覺察，而最簡單也是最基礎的，就是從呼吸回到自己開始，只要你願意給自己機會，就是覺察的開始。

換你練習：找到內在的平靜之島

試著靜下心來覺察自己，讀完以下的短文。

戴上耳機，閉上眼睛，播放一段聲音，用短短的十分鐘找回自己，釋放身上的壓力，放鬆的呼吸，什麼也不要做。覺察本身就像森林裡矗立的群樹，在看似靜止的狀態下，默默的生長，為提供大地萬物提供清淨的空氣。

現在，請放鬆你的身體，找一個舒服的地方坐著或躺著。你可以閉上眼睛，伴隨著每一次呼氣，釋放你所有的擔心，讓你的思緒開始變得敏銳，你會聽到自己的呼氣聲，就像是輕柔流動的河水。你的吸氣，是細長的、緩慢的、勻稱的，你感覺到了你的手和腳，你感覺到了你身體的每個部分。

那時你將覺得自己是多麼的完整。

現在，你可以慢慢的睜開眼睛，移動你的手指跟腳趾，緩緩的醒過來，回到你的呼吸。

最後試著拿起筆，記錄下剛剛的感覺。你可以反覆練習，在睡前或是疲累時讓身體帶著你，放鬆自己，也覺察自己。

覺察力TIPS

- 呼吸開始，意識到自己的身體，是開啟身體覺察的第一步。
- 覺察就像是在照鏡子，優秀的運動員，是覺察自己跟賽場關係的高手。
- 精微而敏銳，放鬆不癱垮，找到身體的支點，你的心就能安頓。
- 營造一個舒服自在的環境，將意念放空、身體放鬆，就能找回自己身體的好感覺。

03

自學力

自己學，才能更快更持久

第一個教大學的人，
必定是沒有上過大學的人。

——俄國學者，羅蒙諾索夫

「你想要學什麼？」

「想要用哪種形式學習？」

「你想要花幾次學會？」

這三個關於學習的問題，其實是可以深化你自主學習的關鍵。我們每天在接觸廣泛且變動的資訊，當有不懂、不理解、不會的內容時，你都是怎麼處理你的不會呢？你會去問人嗎？還是是自己查找資料？你怎麼判斷自己的學習狀況呢？

組織發展理論創始人華倫．班尼斯（Warren Bennis）在《領導，不需要頭銜》一書中提到，人的學習有七十％是從工作中學習，二十％是向他人學習，只有十％來自正式的培訓，由此可見，瘋狂的買課上課培訓，其實學到最後可以應用到自己工作上的部分，可能遠不及你直接在工作場域找一個教練或資深同事帶著你學得多。

有效自學的學生是自己，老師也是自己，換句話說，所有的環境跟人都只能是引導者的角色，幫助你修正自己的學習狀態，這樣的自主學習觀念其實跟運動選手的訓練非常相像，選手訓練其實就是要想辦法克服自己的那道門檻，你的體能、速度沒有人可以代替你，只有你自主展現出學習的脈絡與成果，才能讓教練看見，接著協助引導修正。

讓奧運金牌來教你，生涯自主學習三絕招

奧運十項全能金牌，同時也是世界紀錄保持人的美國運動員阿什頓．伊頓（Ashton Eaton），退休後到英特爾擔任ＯＴＧ產品開發工程師，並持續進修機械工程碩士學位，他在國際奧會（ＩＯＣ）運動員３６５網站上分享他個人學習跟轉職成長的經驗，其中有三個運動員生涯轉職的技巧，正巧跟自主學習很有關係。

❶與人連結，建立關係，跟同事們學習比較快

阿什頓．伊頓以自己為例，他在入職初期，認為自己是運動員出身，跟科技公司的同事們格格不入，所以總是悶著頭自己做事卻希望被人肯定，結果產出有限，也因為他只專注在自己的小圈圈中，卻把人與人之間的關係給推遠了。

阿什頓．伊頓反省後認為，運動員其實是擅長與人連結的，當選手時常要環遊世界比賽，需要跟隊職員、領隊、甚至是隊友的家人們溝通訓練狀況與訓練需求，在企業中也是如此，不管長官或是同事來自哪一個層級，你都可以熱切地詢問他們說：「您好，我是一位從體育圈退休的運動員，我對你所處的部門很感興趣，你願意跟我聊聊嗎？」你永遠不知道你會見到了誰，也不知道他們背後的故事是什麼。當你嘗試著把認識人當成一個運動項目來認真完成它，將會對你的事業很有幫助。因為別忘了，人有九十%的學習是來自於工作中跟向他人學習。

❷善用數位化工具，活化多元的溝通管道

工作跟運動一樣，不可能永遠都處在高峰狀態，當工作乏味時，可以轉換不同的工具，像是換用通訊軟體與人交流，或是用E-mail、Messenger、Notion等平台確認訊息，工作效益可以持續推展；或是可以用Gather等互動性高的平台，可以在工作之餘，因為平台的連結跟同事們建立友好的連結，就像是運動訓練一樣，要懂得適時切換不同的訓練方法，對訓練才會有更好的成效。

❸樂於分享你個人的經歷與故事

好的自主學習者一定是個樂於分享的人。既然知道很多事情要與他人交換訊息、互相請教，不過人是互相的，為什麼都是你在請教別人？別人又為什麼要義務幫你呢？先成為那個付出者，大方分享自己的生命經驗，這時候運動員的身分就有優勢了，不是所有人都當過運動員，你也要相信自己的身分是很獨特的。每個人在小時候或許都有過當運動員的夢想，所以不要害羞的分享你獨特的想法或是你的成功經驗，與人交流，你也會因此刺激其他人產生新的點子。

你可能會想，分享自己的故事跟自主學習哪有什麼關聯？可千萬不要妄自菲薄，相對於專業技術人員，運動員雖然沒有他們過去所累積的技術性專業，但是也有別人沒有的經歷與專業，在重視UX、UI（使用者介面設計）的時代，需要不同的使用者體驗回饋，只要你願意先當個分享者，你也可以給出你的角度的獨特見解來幫助公司成長。

善用六個教練引導步驟提問，有效成就自主學習

走進運動場，看似波瀾不驚，底下卻是暗潮洶湧，場下是朋友，場上也是敵人，如果沒有自主學習跟向他人請教修正的能力，其實很難突破自己的盲點，走到競技表現的下一個階段。有沒有什麼方法可以在自己遇到問題時可以自我檢核？或是有人可以詢問時可以問得到位呢？善用教練引導的六個步驟提問，我覺得可以有效的幫助你自我檢核。

❶具體來說，我的問題是什麼？

不要問空泛、假設性或是過大你無法掌控的問題，而是要練習問出一個具體且真實的問題，例如：「球季已經過了一半，我很認真練習，但還是沒有機會上場怎麼辦？」只有討論你自己真實遇到的問題，身邊的人才能最有效的幫你，你也才能見到最真實的改變。

❷決定「今天」要把問題處理到何程度？

思考自己的問題可否問出有價值的問題，並且決定這個問題的邊界跟今天打算處理到什麼樣的程度。有些問題無法馬上改變，需要時間，但關鍵是釐清現在的你可以做些什麼？如何讓你在遇到這個問題時依然可以成長或是獲益，那就夠了。

❸為什麼解決這個問題很重要？

這是個有效表達的自我提問。你要能夠清晰地闡述出這個問題，跟他人請教或是對自己都是。要能夠達到清晰有效的表達，你的表達公式可以像是這樣：

「我的具體問題是＿＿＿＿，這個問題之所以對我很重要是因為＿＿＿＿。到目前為止我為了解決這個問題已經嘗試過＿＿＿＿，我希望你可以幫助到我的地方是＿＿＿＿。」

❹我還想到這問題周圍的哪些延伸問題？

有的時候問題需要被拆解細分，這個步驟你可以請對方幫你想想可能還會遇到哪些你沒有想到的問題，這個時候最不需要的就是建議或是標準答案，也不要輕易就放過自己，試著用問題來回答問題，因為你要的答案可能就在你的問題中唷！

❺有沒有什麼問題內容需要澄清？

有時候我們自己太過執著，太想要某件事情，就容易對於目標失焦，透過這個步驟階段，可以幫助你澄清你的問題，理出一個清晰的問題軸線，把關注的焦點重新移回來，控制自己能夠控制的部分，也能降低你對自己的焦慮感。

❻我接下來要馬上行動的第一步是什麼？

最後也是最關鍵的一個步驟，不管前面討論跟自我提問花了多少時間，最後一定要問自己這個問題，你打算怎麼把想法化成行動？如果要開始你的第一步會是什麼？人是需要提醒的動物，只要有一個開始的提示，你就會一步步的做下去，你期待的改變也就有機會發生。

從問題的擁有者，變成行動者

這世界上，想學新事物的人多，但「踏實」學習的人少，根據經理人雜誌的統計，超過八成的人，只為了工作升遷或目標才勉強學習，大多數的人缺乏從生活或他人身上學習的能力。練習問自己這六個問題，才能從工作中發現自己的缺乏，並且除了補強外，試著走出舒適圈，主動承擔有挑戰性的工作，把學到的知識應用在自己的工作中，將會是你突出被看見的關鍵。

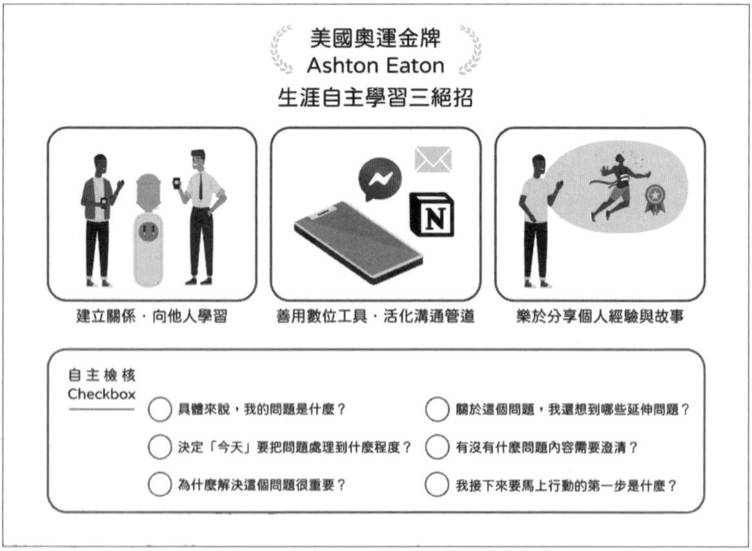
美國奧運金牌
Ashton Eaton
生涯自主學習三絕招
建立關係・向他人學習
善用數位工具・活化溝通管道
樂於分享個人經驗與故事
自主檢核
Checkbox
具體來說，我的問題是什麼？
關於這個問題，我還想到哪些延伸問題？
決定「今天」要把問題處理到什麼程度？
有沒有什麼問題內容需要澄清？
為什麼解決這個問題很重要？
我接下來要馬上行動的第一步是什麼？

自學力 TIPS

- 人的學習有七十％是從工作中學習，二十％是向他人學習，只有十％來自正式的培訓。
- 有效自學的學生是自己，老師也是自己，只有你自主展現出學習的脈絡與成果，才能協助引導修正。
- 奧運金牌來教會我，樂於分享你個人的經歷與故事，善用數位化工具，與人連結，跟同事們學習，是強化職涯自主學習的關鍵。
- 善用六個教練引導步驟依序提問，讓自己從一個問題的擁有者，變成行動者。

04

專注力
找到最甜的那個點，打下去

人的思想是了不起的，
只要專注於某一項事業，
就一定會做出使自己感到吃驚的成績來。

——美國作家，馬克．吐溫

想像你自己，迎著風站在棒球場的投手丘上，在一局上半時，你投出的第一顆球的感覺，跟九局下半滿，一、三壘有人，兩好三壞時的關鍵投球時的感覺，有哪裡不一樣呢？

生理動作一樣的投球，但是心理呈現的壓力卻是截然不同。告訴自己：一切都在掌握之中，你的比賽成果，只是練習總和的一場驗收，從呼吸開始，六秒緩慢吸氣，兩秒閉氣，七秒吐氣的循環，連續做兩次，用三十秒的時間，讓自己進入專注的狀態，完全的掌握自我。

你是「聽棋者」，還是「想鳥人」？

談到「專注」，就不得不好好說說他的另外一個好兄弟：「發散」，兩者互為表裡，也是大腦運作的兩種不同模式。

在二〇〇四年的西洋棋錦標賽，有場賽事特別引人注目，就是由西洋棋高手加里，對上十三歲的男孩馬格努斯。當時的賽況非常膠著，彷彿可以聽到棋者滴汗的聲音。但這時，馬格努斯站起來了，跑到隔壁去看其他棋局。

加里嚇了一跳，心想：「莫非是藝高人膽大？」不太專心的馬格努斯，最後，竟跟專心的加里，打了個平局。這到底是怎麼一回事？

在《學習如何學習》這本書中，做了個有趣的比喻，你的心智就像一座彈珠檯。專注模式，就是彈珠台排列密集的碰撞物，你的心智彈珠，在這區間撞啊撞啊，撞出路徑，但思維跑不遠。而發散模式，就是排列鬆散的碰撞物，心智彈珠雖然無法集中火力，但在腦中的活動範圍，卻是海闊天空。

專注很好，但適度分神，會更好。所以，你必須學習，在「學棋者」跟「想鳥人」間，切換專注與發散模式。「學棋者」跟「想鳥人」的故事來自孟子，孟子說：有兩個人跟弈秋學下棋，一個非常專心致志，另一個卻在想有隻天鵝飛過，還想拿箭去射牠。孟子當下鐵口直斷，說：決定這兩人成就的，不是智商，而是專注。

當然，我不否認專注絕對是必要的。發散聽起來就是分心嘛，當然是專注比較難也比較被推崇！的確，分心不難，但難的是有節制的分心。不然你看，很多學生是分心高手啊！書沒讀幾分鐘，手機卻滑到沒電。那根本就談不上專注與發散，純粹是在擺爛。

真正最好方式是什麼？那就是：用專注模式打怪，用發散模式領賞。你專注到一定程度後，暫時放下手邊工作，去做一些不用花腦力的事。比方摺衣服、整理房間，或聽沒有歌詞的音樂，或做點運動，尤其是散步。你知道人類的文明，就是靠散步發展出來的嗎？

像是提出演化論，氣爆教宗的達爾文，家裡附近有條四百公尺的步行道，他在那邊走邊想，還取名為「沙徑」。創作出《天鵝湖》樂章的柴可夫斯基，每天散步時間是兩小時。寫下《雙城記》的大文豪狄更斯更狂，每天下午散步三小時。

我很好奇，他們腳都不會痠嗎？不過講到這，你就應該明白，我們為什麼要重新定義專注。

專注很好，但有發散做後盾的專注，更好，只在需要專注的時候專注，才能掌握每個細節。在地球表面上，因為專注力就會明顯影響最終結果的職業，我想就是運動員了。

有「瑞士球王」之稱的職業網球選手費德勒，我曾看過一個球迷在網路上分析說，他在看球賽轉播的時候，看到一記費德勒擊出的漂亮正拍致勝球。然而在緊接著的慢動作播放中卻發現，費德勒在擊球的那瞬間，眼睛竟然是閉上的！

在擊球之前，費德勒的眼睛究竟看向哪裡？於是他找出影片來，一個畫面一個畫面去分析，發現費德勒幾乎在每一次擊球的瞬間，頭部與視線都短暫停留在那個即將發生的「擊球點」位置，反拍與正拍似乎都是這樣，只在完成擊球之後的向後帶拍（follow through）才移動視線。

費德勒為什麼要將視線停留在擊球點？最主要的原因，就是為了要能夠「專注」。

有從事動態運動的人應該都知道，要在長達數小時的時間中一直維持高度專注，幾乎是不太可能的事。特別是在體力降低的時候，目光與其整場盯著飛快的球，還不如只在有需要的時候把注意力凝聚在擊球處。因為只有在需要專注的時候專注，注意力才可以獲得提升，讓所有思緒都收攏在擊球的那一刻。

第二個原因，是為了要能夠「暫停」。人的眼睛每秒能分辨二十四幅圖畫，當我們的目光集中在一個位置的瞬間，就會產生一種類似「暫停」的效果，讓球員可以觀察到細微的狀態改變，也可以感覺到自我的步調，排除外在雜訊，回到自我的掌握之中。

既然我們知道，不管是下棋、寫作、網球都需要專注，但要專注在什麼地方有最高的績效呢？答案是高價值區。

高手，就是在高價值領域，持續做出正確動作的人

如果你聽過大名鼎鼎的股票之神巴菲特，那麼泰德．威廉斯在棒球界的位置，可不比巴菲特在金融圈的位置低。

泰德．威廉斯（Ted Williams）是波士頓紅襪隊的打擊手，他被稱為「ＭＬＢ史上最佳打擊手」，生涯最高打擊率是四成，十七次入選全明星賽，並在一九六六

年入選棒球名人堂，用傳奇兩個字形容他是完全不為過。他在一本教科書《打擊的科學》（*The Science of Hitting*）中提到一個很重要的觀點：高打擊率的祕訣不是要每一個球都打，而是只打甜蜜區裡的球。專注打「甜蜜區」的球忽略其他區域，就能夠抱持注最佳的打擊成績。

泰德．威廉斯把一個長方矩陣的打擊區畫分成七十七個圓形區域，每一個區域只有一個棒球大小，代表著球投進去的位置。只有當球進入最理想的區域時，他才揮棒打擊，這樣才能保持四成的打擊率；如果勉強去打擊位置最遠的球，他的打擊率會降到三成或是二成以下，所以對於非核心區的球，任何其他球從他身邊飛過去，絕對不揮棒。

這個策略聽起來簡單，但要執行起來卻是非常的不容易。你想像一下，在關鍵的勝負關頭，全場幾萬名的觀眾神經就像是吊了千噸貨物的細鋼絲，隨時都會崩斷，大家眼睛盯著你希望你打出安打，這時候，一顆低球慢悠悠地飄進一個非甜蜜區，像是一個唾手可得的好機會，你要打還是不要打？

這時候，哪怕場邊觀眾激動大喊：「打啊！為什麼不打。」「搞什麼東西，這球我阿嬤都打得到。」

在全場噓聲雷動的情況下，你要堅持打高價值區的球，需一強大而冷靜的內心跟對規律的定見。

棒球比賽有兩類的打者。一類人是球來就打型，每次打擊都全力以赴，甚至追求全壘打；這樣類型的打者需要有很強大的力量跟體格，除了需要有先天的基因條件外，在連續高強度的職棒聯盟中，很多人甚至會冒險服用禁藥來提升力量。另外一種類型就屬於聰明的打擊者，他們的先天條件不一定好，但是很聰明；他們只打高機率的球，也不追求強打跟全壘打，只把合適的球打到沒有隊員防守的地方。世界上排名前十的棒球打擊手都是後面這類的人，而泰德·威廉斯顯然是箇中高手。

也許聽完你可能會說：這有什麼難的，反正就是找到自己的優勢嘛！

理性來講是這樣沒錯，但當你的身邊都是「鼓噪球迷」和「鍵盤教練」時，情況就沒那麼單純了。這個社會往往大家都喜歡自我放大，擁有很高的社會期待、文化壓力，面對普遍的認知、親友的建議，這些都是你在做高價值選擇時身邊的球迷和教練。

我回想自己，為什麼我們總是錯過甜蜜區呢？

第一，把甜蜜區放太大。想要一把抓，真以為自己能hold住全場，但最後，留不住，卻又不捨棄。第二，聽不進或是逃不開。覺得自己行，是別人小看了我。另外還有一種就是承受別人的期許，比方你的專長是文學，但他們說會喝西北風，硬要你去學商，所以你得有逃離束縛的勇氣。想想泰德．威廉斯吧，想想自己，你的甜蜜區在哪呢？

我很喜歡星際大戰中的尤達大師（Yoda）所說：「你的專注，決定了你的存在。」人生中飛過來的好球很多，「穩定」的直球、「跟風」的曲球、「期待」的滑球⋯⋯但請你仔細聽聽自己的心，追求穩定的人生、跟風的人生、符合家人期待的人生，做了，你快樂嗎？不做，你後悔嗎？我是為了滿足別人？還是自己真心喜歡呢？

專注力 TIPS

- 專注很好，但適度懂得放鬆，有節制的分心更能激發想像。
- 訓練專注力最好的方法，除了呼吸之外，就是適時的切換「發散」跟「專注」模式。
- 只在需要專注的時候專注，才能精準掌握每個細節。
- 不要想滿足「社會期待」跟「普遍認知」，而要在高價值區持續專注。

05

出場力
撞牆期該如何有勇氣超越壓力？

事情不是做得到做不到的問題，
而是要不要做的問題，
說出「已經不行了」之後，
才是要努力分出勝負的開始。

——見城徹《人生是一個人的狂熱》

美國原住民羅基族（Cherokee）的老印第安人曾說過一個古老的比喻。

有天傍晚，在營火前，老印地安人對他的孫子說：「人的內心裡一直有爭戰，這是我們內心兩匹狼的爭戰。其中一匹狼代表邪惡，牠是憤怒、嫉妒、懊悔、貪婪、傲慢、謊言、虛榮心和自負；另一匹代表善良，牠是歡樂、和平、從容、希望、愛、寬容、謙卑、同理心、信念。」

孩子想了一下，向祖父問道：「哪一匹狼贏了？」

祖父回答：「你餵養的那一匹。」

人生卡在撞牆期，我不想努力了

每一個人的內心裡，確實存在一位冠軍和一位輸家。其中也有一位天使和一位惡魔。當然也有一位英雄和一個壞蛋。你的內在都包含許許多多不同的層面，問題是：今天究竟是哪個角色會勝出？甚至到現在，你可以也不知道是哪個角色在控制你自己？

作家南仁淑曾說過，人們容易把擁有夢想和現實主義當作相互衝突的東西，實際上，夢想與現實的關係非常密切，只有以現實為依靠，我們才不會放棄這個夢想，也只有擁有了夢想，才能讓現實生活變得有彈性和活力。對運動員來說，挖掘什麼是自己所看重的？什麼能夠啟發我？什麼能帶給我力量？什麼會鼓勵到我？什麼能夠釋放原本我就有的東西？當我找到這些跟自己有關的答案時，才會是由我來決定自己要餵養哪一匹狼。

這種卡住的感覺，在運動中叫做撞牆期（hitting the wall）。撞牆期通常發生在異常長時間的持續運動，由於能源的消耗殆盡，使運動者產生相當難受的生理與心理痛苦的現象。你也可以理解成在生活、工作、學業、夢想路上，開始倦怠或遇到難以克服的瓶頸難關，在過程對自己有著太多的質疑，短暫喪失自信的過程，但反過來說，撞牆期的考驗卻也意味著你是否禁得起挑戰，只要再堅持一點，或許你即將昇華到下一個境界。

運動員用「self-talk」激勵自己，調控低潮，轉念再出發

二〇一九年，極地超馬選手陳彥博，以拿下四大極地賽是世界冠軍的故事，拍攝紀錄片電影《出發》（*Run for Dream*），把他十年來奪冠之路的刻苦歷程，濃縮在一百零二分鐘的鏡頭前。

影片中，瘀血腫脹的雙腳，剝落的指甲，雪衣裡厚重的喘息聲，伴隨著不停下的步伐，奔走在沙漠跟極地中，他是陳彥博，亞洲第一位一年內奪下四大極地超級馬拉松冠軍記錄的台灣選手，他在一年的時間內，先後去到了撒哈拉沙漠，中國戈壁沙漠，南美智利阿他加馬沙漠，再到萬年冰封的南極洲跑完全程。這樣的比賽都是自費，還要自己掏腰包找贊助，一間一間公司遞交提案，生理上的疲倦加上心理上的寂寞，陳彥博為什麼不放棄？做這些到底有何意義？

紀錄片中，陳彥博的父母親特別買了機票，一起到終點，等待這位跑了兩百五十公里的摯愛穿越終點線。這是陳彥博的父母第一次看他比賽，但也是他最煎熬的

一場。七天的賽事，陳彥博領先了前五天，不料豔陽下出現熱衰竭讓他昏迷了四個小時，倒下的那一刻，陳彥博心裡有底了，這場比賽將無法帶著冠軍回去。

預告片中，陳彥博抱著瑞士戰友哭喊著「我不想輸」，即便雙腳早已不聽使喚，痛到精神已經屆臨崩潰的邊陲，終點線前，他的父母老遠就認出兒子狂奔的身影，面對兒子的成就，心中複雜的滋味都轉化成眼角的淚水，和父親那響亮「你做到了」的口哨聲，陳彥博說：「旅途可以很遙遠，但家是唯一的方向。只要出發站上場，你就會有無比的力量。」

主張「自我實現」的人本心理學大師馬斯洛（Abraham Maslow）曾說過：「生命是充滿了抉擇的歷程，自我實現就是在每一次的決定時，選擇成長的途徑，讓自己不斷的面對挑戰，發展自己的潛能。」運動員真的是自我實現的最佳代表，在每次訓練下感到挫折、痛苦及壓力時，透過腦海中的聲音不斷自我對話（self-talk）並選擇面對與正向轉化，才能夠在每次掉入低潮、無助，及無力的撞牆期時堅持下來。

你永遠不知道自己的極限可以走到哪裡，就像陳彥博，如果他不說，你或許不曉得他在二〇一一年，年僅二十三歲時就罹患咽喉癌，罹癌當下他還是完成訓練後才去住院，他沒有告訴父母親實情，因為他知道：「極地運動是我一輩子的理想跟志向，那麼不管發生什麼事情，能多練一天、一分鐘都好。」癌後復出的他，曾經跑到鼻血流滿地，跑一、二公里就要休息，但陳彥博從未放棄，罹癌復出至今拿下了二十座極限馬拉松獎杯，其中包括七座總冠軍，他的人生真的是自我實現的最佳寫照。

在場上一怠惰就會穩定的衰退，我現在的立足點是自己贏來的位置

很多時候我們出社會，站上比賽場，我們其實沒有先想清楚，這個位置代表的意義是什麼，也因此才容易撞牆。山本鈴美香的漫畫名著《網球甜心》（エースをねらえ！）中有一段宗方教練的話，我偶然間看到，給我很大的啟發。這部以網球為題材的漫畫，雖然是很久以前的作品，故事描述主角岡浩美加入知名網球學校的網球社後，在宗方教練的訓練下，逐漸變強的運動熱血漫畫。

之後，岡浩美終於打敗了入社以來一直尊敬的學姊，但是她的心境卻很複雜。她心想，獲勝的次數越多，站在自己前面帶領的人就越少，這真的是我想要的嗎？她在友誼、學姊、比賽之間產生心理上的混亂，這時後宗方教練告誡浩美：「勝利者永遠要補償失敗者。贏過十個人，付出加上自己總共十一人份的努力，就成了你的義務……。如果你怠惰了，將會被趕下光榮的寶座。」

這個世界就是如此現實，比賽中有人勝利，就有人失敗，在浩美展翅飛向世界的同時，也有人因為她，從此放棄了網球之路，所以身為勝利者的義務，就是應該要連同失敗者的份一起努力。漫畫中的高潮熱血在這個段落表露無遺，而浩美也在聽了宗方教練的話之後，重新振作了起來。

很多選手在進入大學或出社會後，常常只是為自己努力，甚至有時候還會看到選手表現出「我已經練了很多，已經很認真了，所以放縱一下，享受一下是理所當然」的態度表情。其實沒有人會否認你的努力，也不會有人說你；然而，人其實很少會突然的急速失敗，但卻會穩定的衰退。跟過去的自己相比，你怠惰習慣了，放縱習慣了，但成績依然很好，因為這些問題可能在你二十五歲前都不會被看見，但是你可能忘記了，你之所以可以站在現在的位置上，之所以有今天，靠的都是比別人加倍的努力，才能發揮超越自己實力的能力，但是隨著時間的流逝，你忘記自己是靠努力補起不足的類型，以為自己是天才型不用再更努力，因此遇到撞牆期，就是再自然不過的事了。

漫畫中，宗方教練說：「勝利者永遠要補償失敗者。贏過十個人，付出加上自己總共十一人份的努力，就成了你的義務……。如果你怠惰了，將會被趕下光榮的寶座。」我覺得他說的一點都不錯，正在看這篇內容的你，你現在身上所擁有的一切立足點，也是其他人想要，現在卻站不到的位置。面試時，你通過自然就有人沒有通過，你獲得工作機會自然就有人沒有得到工作機會，也就是說，你現在的立足點，是你贏來的位置。在你贏來的過程中，就代表你同時剝奪了其他人可以成功取得這位置的可能性，就像宗方教練說的：「無論你有沒有自覺，你已經靠自己的手打倒無數選手，把他們踩在腳下，才爬到這裡。」很多站不到這個位置的人，只能把一切都寄託在勝利者身上，因此放棄，可不只是你一個人的問題，而是背叛所有得不到這位置人的期待，因此，你應該連他們的份，都一起努力才是。

只要你能夠這樣想，繼續努力，這些人的期待也許能化成你前進的助力，幫你推到那面「牆」，用你的努力度過撞牆期。

三個好方法，帶你度過撞牆期

方法❶
把問題寫下來，清楚看見所有問題間的關係，並且接受自己卡住的事實

問題放在腦中想的就不容易清楚，試著把問題寫在便利貼或是空白紙上，或是貼在牆壁上，讓你把所有的大小問題都拋出來，清空你的大腦，然後重新觀察這些紛亂的思緒，承認：「我現在的腦中真的很亂。」並且接受自己遇到撞牆期的事實，把否定情緒的：「憑什麼是我？」改成：「憑什麼不是我？」接受這一切，撞牆就有解。

方法❷

從「腦力活」變「體力活」，把負面念頭暫時放下

如果是訓練上的卡關，持續做不出動作，可以起身聽個音樂或是到戶外走走，轉換身體的「感官接收」，因為相同的訊息來源重複卻卡住時，透過其他感官的刺激，或許能讓你暫停重製腦海中的動作設定或看見新角度的可能性；相反的，如果你是腦力的工作者，可以換做一些體力的事情，像是運動、洗碗、擦地板、整理環境等，或是把原本腦力的工作放下（例如寫作）變成聽一集Podcast（用聽的擷取新刺激），同樣也是改變感官對環境的接收。當然，你也可以暫停時，打電話找自己的人生導師（Life Coach）聊聊，或是找你身邊信任的朋友傾訴都是可以幫助你度過撞牆期的方法。

方法❸ 從可以改變的小事情著手，用做實驗的心態，慢慢走出低潮

控制自己可以控制的，這觀念跟後面會提到的「敏捷力」一樣，不要想一步到位，而是切割小的目標，並且控制自己可以控制的部分，像在打遊戲闖關打怪一

樣，一步一步挑戰，讓自己有失敗的經驗，並且從失敗的過程中學到教訓，快速修正，像做實驗一樣，慢慢走出撞牆期。

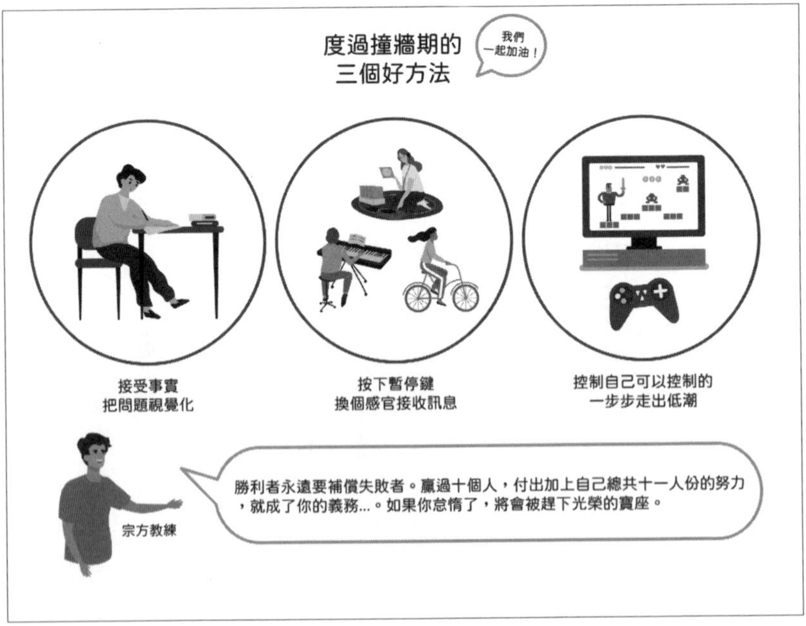
度過撞牆期的
三個好方法
我們
一起加油！
接受事實
把問題視覺化
按下暫停鍵
換個感官接收訊息
控制自己可以控制的
一步步走出低潮
宗方教練
勝利者永遠要補償失敗者。贏過十個人，付出加上自己總共十一人份的努力，就成了你的義務...。如果你怠惰了，將會被趕下光榮的寶座。

出場力
TIPS

- 撞牆期正是可以挖掘出什麼是自己所看重的？什麼能帶給我力量的開始？
- 撞牆期時，運動員用自我對話激勵自己，調控低潮，轉念再出發。
- 為什麼會撞牆？因為你之所以有今天，靠的都是打倒無數選手才爬到這裡。
- 把你撞牆期遇到的問題寫下來，把負面念頭暫時放下，從可以改變的小事情著手，用做實驗的心態，慢慢走出低潮。

06

布局力 你會閱讀一場球賽嗎？

生涯不可能選擇錯誤，
你能夠活到現在，
表示一切沒問題，
你現在唯一要做的，
就是繼續堅持下去。

——中華民國運動員生涯規劃發展協會理事長，曾荃鈺兩顆一模一樣的雪球，從山頂滾落下來，因為輕輕的碰到一顆小石頭，從此兩顆雪球往截然不同的方向滾去，看似只是微小的改變，但隨著斜坡拉長、時間拉長，每個微小改變加總起來，讓兩顆滾到山底時的雪球面貌完全的不同。布局其實就是那個斜坡，鋪一條夠長的斜坡，讓你的價值跟能力在時間的複利下，被看見。目前是企業聯賽跟卡達世界盃台灣足球代表選手，人稱「青仔」的吳俊青說：學會「閱讀一場球賽」，是職業運動員布局賽場的核心競爭力。

不知道你有沒有曾經想過，同樣是努力投入工作或是訓練，為什麼有些人效率就比我高得多？經過同樣的時間，為什麼當年看似在起跑線落後或是跟我差不多的人，如今已經難以望其項背，彼此差距越來越遠？人生走的每一步路，就像是下棋的每一顆棋子，那些輸得一塌糊塗的人，往往是想一步走一步的人，而真正的高手，下一步看往後的十步，他盯著的不是棋子，而是在布棋局！

下棋要布局，踢球當然也是。「閱讀一場球賽」是判斷運動員擁有布局力的指標，而這邊所指的閱讀，是從表面行為觀察，到連結自身理解，最後與自身經驗連結後做出反應的一系列過程。缺乏讀懂球賽的能力，就好比一位不具備廚藝的廚師，縱使是山珍海味的珍貴食材放在他面前，他也無法料理出色香味俱全的佳餚；相反的，擁有「閱讀一場球賽」能力的選手，在場上會比其他選手更能掌控節奏，動作更輕鬆，對足球理解能力更高，也因此可以在不同情境中判斷出合理的動作做出反應，為球隊贏得勝利。

學會「閱讀一場球賽」，是職業運動員的核心競爭力

從十歲就開始踢球，踢足球已經二十一年的職業足球選手吳俊青，出賽過五十場大大小小的國際賽事，國際經驗在台灣排名第三，二十五歲才簽到旅外合約，雖然起步較晚，但吳俊青是個思考型的運動員，他常常自問：「團隊到底需要一個怎樣的足球員？」球場上的十一個人需要策略布局才能得勝，而球場下職業選手要能夠得到球團跟教練青睞，思考團隊要什麼，其實遠比個人努力更為重要。

吳俊青形容說：足球團隊成員跟教練的關係就像在拼拼圖，每個拼圖都有自己

的形狀，每個形狀也都不太一樣。我們在拼拼圖時，會先比比看這個形狀跟角度能不能夠彼此組合起來拼出全貌，如果暫時不合適，就會先選擇不同的拼圖來嘗試，球隊教練也是一樣。如果想要在球隊中有自己的位置，希望自己能夠在三十人大名單，或是二十三人、十一人的先發名單中，以前的吳俊青會更努力練技術，訓練後留下來練體能，讓自己變得更強，但事實證明，這種思考其實失敗的機率超級高。吳俊青用自己的親身經驗提醒：「你可以很有個性，但在融入團體時，一定要捨去一些東西，因為要的是讓團隊更好，適時修剪自己不是只有讓你自己更好，而是可以更符合團隊的需要。這完全是兩種不一樣的思考角度。」

踢球十二年的亞運國手，同時現在也是台灣鋼鐵職業足球隊的程昊認為：「成為教練的即戰力，符合教練心中的隊形架構，才會成為被重用的球員。」足球不是一個人可以踢的，十一個人在場上各有不同的角色任務，要能夠充分的展現自己，靠經驗需要時間、跑得快也有極限，因此頭腦聰明，能夠清晰冷靜的閱讀一場球賽，才是獲得教練青睞的關鍵。

踢足球很自由，四歲到八十歲都有人在踢，但是比賽就是另外一個概念了。比賽場上，要根據規則、空間跟時間，判斷做什麼合理性跟成功率高，但也不代表看似不合理的就不會成功（例如一打五也可能會成功只是機率極低），擁有「閱讀一場球賽」能力的運動員，能夠在很短的時間跟空間（現代足球防守壓迫變快，時間空間變少）做出合理判斷決策，成就選手在比賽中的價值。

經驗需要時間，體力有天花板，但「閱讀一場球賽」的能力現在就能累積。運動場上瞬息萬變，選手個性也各有不同，剛入行青訓的年輕選手可能球團、教練團還會等你，你可以聽命教練的指派做動作，但到了成人隊伍，如何在場上成為被教練重用，願意調派上場的選手？自己擁有「閱讀一場球賽」的能力就相當重要。

如何培養「閱讀一場球賽」的布局力？

觀察、理解、判斷缺一不可

台灣職業足球名將吳俊青認為：「一個足球場就這麼大，對方的球員、行為特點、主力選手歷史資料都是可以做功課的。」閱讀一場球賽的目的，就是從有限的訊息量，在短時間內做出觀察、理解、判斷後做出行動的一系列過程，這也是職業運動員的生活，每天沉浸在運動中，培養對這領域的人、事、物的敏感度，進一步才能在閱讀球賽的過程中迅速地做出判斷。我們可以從足球選手在場上閱讀一場球賽的布局方式，學到三個布局的關鍵。

❶敏銳觀察：
賽前影像分析，賽中觀察球員身體狀況

在賽前做影片分析，分析對手主力特點，與教練團討論找出破口，封住對手主將，若有不足的訊息，選手自己若能透過其他管道做功課了解資訊，或判斷場上對手體力狀況做出判斷，就會提升球員對球團的價值。

前英格蘭足球球星基岡曾說過：「我利用我的雙腳和腦袋，靠真正的技術去取勝。」何謂真正的技術？其實是抓住足球運動中的基本原則：像是足球運動中，球愈靠近對方球門愈有利，因此球往中間走最快；三打二比三打三更有利，以多打少更容易成功；讓球跟人都面對對方球門，對手壓力會變大，可藉此進行壓迫盯人或

是引導他犯規。

運用原則以及原則的推理，讓腳下的球在運作上合理化，看到場上左邊人多自然可以理解右邊比較少人防守，有沒有空隙，並且進一步創造出空間或時間讓球隊獲勝，而這一切的判斷可能都要在幾秒鐘內完成，你就會是個有價值的球員。

❷全局理解：
讓隊友對你說出：「你這顆球處理得很合理。」

足球選手拿到球時，依照自身能力跟體能狀態，通常處理有四種處理球的選擇：

1. 創造性：超乎預期之外，卻又對團隊有建設性的前進或是突破。例如攔截到對手進攻球員的球，解圍後把球控制下來再傳出去，變成我隊的進攻球，即是創造。
2. 合理性：普通，依照當下情境判斷，合乎邏輯且沒有違反足球的基本原則，也沒有做出危險的球。

3. 安全性：球員只龜在後場不把球推進，自己人跟守門員互相傳球，非常安全但也沒有任何的建設性，沒有在進攻就不可能獲勝。（若傳這樣的球是在尋找往前的機會，在當時的情境下就是合理的）

4. 危險性：防守時已經很靠近球門，卻還在球門前傳球增加被進球的危險性，也違反「球愈靠近對方球門愈有利」的原則，就是危險球。

以上的四種球，沒有對錯，只是在當下的情境可能會有危險、安全、合理或具創造性的差異，但如果選手技術優於對手很多，可以將危險球化險為夷（通常是人數少於對手，但能控制住球權），將不合理的球變得合理（在自家半場傳球吸引對手上前防守創造攻擊的空間），變成具有創造的亮點又吸睛，肯定會讓教練團印象深刻。足球最好玩的就是，所有的選手不容易被歸類，不管是怎樣的特質或是身形組合，都可以依照你的個性安排在不同的位置，為球隊創造出好的優勢結果，因此理解球的原則跟理解自己的個性，是選手需要認清的重點。

❸判斷省思：

選手都自認為做出當下最正確的判斷，只有賽後針對影像分析才能進步。

判斷能力的訓練，其實跟情境有關。足球選手法爾考曾說過：「當對方持球時，我就防守；當條件允許時，我就進攻；當有機會時，我就射門。在足球場上，一切乾淨、利落、簡單的技巧、戰術才是最實用的。」

法爾考所說的這些他個人的判斷原則，是基於對他的身體條件跟技術狀況而來，球場狀況判斷不能只看一個點，要綜合所有，完整閱讀一場球賽後才能夠做出判斷，因此教練通常會在比賽前設計情境讓選手練習，或是透過賽事訓練找出他要的人，而球員也要在一次又一次的比賽中，找出自己優勢的排列組合，放大優勢，表現自己，並且在事後的影片分析中檢討，才會進步。

德國國家隊獲得世界盃冠軍時，平均一次進攻傳球，每人傳球不超過三腳，他們練習中的共識就是這樣踢球，比賽中才能做出符合德國風格的球風。台灣優秀的職業運動選手們，期盼我們透過敏銳觀察、全局理解、判斷省思，持續性的學習與修正，能夠擁有「閱讀一場球賽」的能力，才能創造出難以被對手模仿且有使命感的台灣職業運動品牌，也才有屬於「運動員的核心競爭力」。

生涯布局的核心是創造持續性的價值，而非追求短期結果

為什麼需要學習布局？因為人生就是一場又一場破局而出的遊戲。「局」其實就是一個系統，有它自己的遊戲規則，想要玩好這場遊戲，你一定要懂得規則，而閱讀一場球賽的視角，就是幫助你用更高的角度俯瞰這整個局，當你低著頭找不到答案時，換個高度看待事情，視角的改變，答案或許就近在眼前。

那生涯規劃布局的原則是什麼呢？暢銷書作家詹姆斯．卡斯（James Carse）在《有限遊戲與無限遊戲》這本書中給出了答案。作者說：「世界上有兩種遊戲，一種是有限遊戲，一種是無限遊戲。有限遊戲以取勝為目的，無限遊戲以延續遊戲為目的。有限遊戲包括在無限遊戲裡，而世界上最關鍵的一場無限遊戲，就是我們自

己的人生。」

世界上就只有兩種遊戲，有限遊戲以取勝為目的，無限遊戲以延續遊戲為目的。有限遊戲像在辯論，有一定的命題跟立場邊界，追求條件下的勝利；而無限遊戲像在聊八卦，目的就是要跟心儀的人一直聊下去。書籍是有限遊戲，而閱讀是無限遊戲，它啟發每個人自己的答案。有限遊戲中的所有限制都是自我的限制，我們玩著有限遊戲，追逐著頭銜帶來的權力，追逐的品牌奇蹟，追逐著社會的認同與共同記憶，但是，有限遊戲最大的限制就是，我們已經忘記自己擁有可以不玩有限遊戲的自由。

運動員是一群很擅長玩有限遊戲的人，運動場上追分逐秒，爭金奪銀，拿下獎金跟獎牌，贏得了一場又一場的有限遊戲，回家以後，看著桌上滿滿的獎狀與獎牌，但對自己未來退役後的下一步要去哪裡，卻是惆悵未定。生涯規劃就是希望選手可以事先布局，玩好自己生涯的無限遊戲，才能找回生命的意義

在台灣，運動員生涯教育，總是在失敗時第一個被提起，順遂時第一個被拋下的東西。生涯規劃看似遙遠，但長期思考無法速成，選手角色也不是終身職業，我

們是否可以創造出一個更友善運動員的生涯規劃環境？用方法與策略陪伴運動員度過難關？「中華民國運動員生涯規劃發展協會」就是以協會作為選手跟社會連結的橋樑，整合資源與機會讓彼此相互關注，引發話題，產生價值，才能贏來創新的可能性。

當運動員能提早認識生涯需求，為進入職場布局，社會大眾也從運動員身上學習運動家精神，進而活得更沉穩厚實。當彼此能為對方創造出一個安全的引導環境，啟發運動員，才能真實的為選手預備未來。

布局力 TIPS

- 布局就像滾雪球的斜坡，鋪得夠長，你的價值跟能力就能在時間複利下被看見。
- 判斷選手是否能「閱讀一場球賽」，是判斷選手布局力的指標。
- 運動員不能只會在場上踢球，思考團隊跟教練需要什麼，其實比個人努力更重要。
- 培養觀察力、全局理解力、判斷與省思能力，是一個人能否清晰布局的指標。
- 生涯規劃布局的原則，就是讓生涯可以持續的延續下去，創造持續性的價值，而非追求短期結果。

Part 2

挑戰運動場

During Sport

特殊時刻

07

敏捷力
怕犯錯，就別來

猶豫不決固然可以免去一些做錯事的可能，
但也失去了成功的機會。

——美籍華裔企業家，王安博士

世界變化太快，要能夠應對變化，「快速」「高效」的反應跟決策，才能抓住時代的機遇。在網路經濟的時代下，大公司不一定能夠打敗小公司，但是快公司一定會打敗慢公司。速度快的人跟公司，可以快速聚攏市場，累積經驗和利潤率，資本自然就會快速的在那裡重新組合。

夠敏捷，專注在最重要的事上，成為變動時代下的MVP

以我自己為例，在台灣社區感染發生的當下，我們協會（中華民國運動員生涯規劃發展協會）與合作的GATE Sports Agency、前勁國際運動管理顧問公司立即開會，針對運動教育今年的規劃進行盤整，不是急著把課程或培訓活動取消，而是趕緊轉換成線上教學，並且立即開始跟學校聯繫試做，甚至將三間公司的內部夥伴的聯合培訓提前兩個星期辦理，比起大喊辛苦跟等待短期政府補助，即時調整，聚焦各公司的優勢，並且跟團隊夥伴一對一開啟對話，給予支援跟信任，這其實就是應變來勢洶洶的外部環境時需要的「敏捷思考」。

敏捷思考，指的「**是專注於快速的回應不確定性並持續創造價值，重視跨部門溝通合作，用最低成本的方式犯錯然後優化的思考方式**」。其中有一個關鍵的衡量指標叫作MVP（Minimum Viable Product）也就是「最小可處理單位」，當外部環境愈是複雜不可控制，我們更要專注在那些微小，但卻也是最核心，可控制處理的事務上。

舉例來說，大環境跟個人生涯這種不確定性的狀態，你可以想像成外太空，想像你自己是要執行一個登陸火星太空計畫的負責人，這時候，你應該做哪些準備呢？你可能會發現安全性跟成本是你很重要的考量指標，而且登上火星跟月球可能重力不同、環境不同、危險性不同，你無法類比，但最主要且是你能夠控制的就是你的火箭，你發現，如果可以製造出可循環使用的火箭，不但可以省下大筆費用，還有機會達成目標，這個想法就是美國科技大亨伊隆・馬斯克（Elon Musk）在火星計畫中的最小可處理MVP。

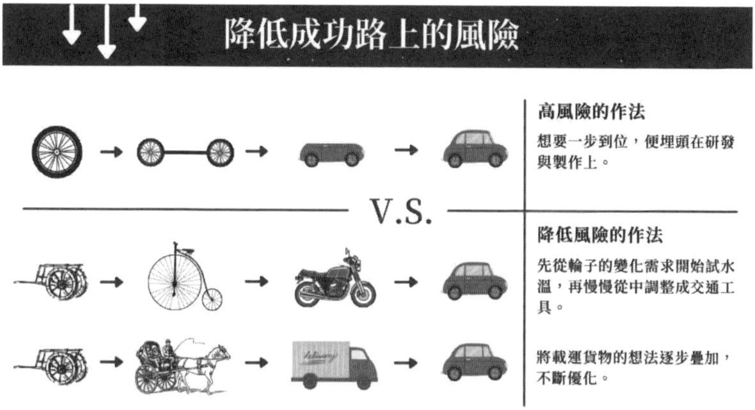
降低成功路上的風險
V.S.
高風險的作法
想要一步到位，便埋頭在研發與製作上。
降低風險的作法
先從輪子的變化需求開始試水溫，再慢慢從中調整成交通工具。
將載運貨物的想法逐步疊加，不斷優化。

敏捷思考是一種逐步優化的過程，跟生涯規劃中持續優化改善，小步驟調整，降低風險的概念一樣。圖片來源：中華民國運動員生涯規劃發展協會王雅立製圖。

敏捷思考是用最低成本的方式犯錯然後優化，不是先造一個輪子、一扇門板，最後才出現一台車，這過程中的風險太高最後也有可能賣不掉，而是先製造比較簡單的腳踏車、摩托車這些代步工具，確定市場有這樣的需求後，最後才是你希望的那台可以遮風避雨的汽車。敏捷思考用在生涯規劃上，就是試著在過程中控制你的風險跟成本，像是疫情下求職不易，那我有沒有什麼方法可以增加我被看見的機會，同時又持續累積我求職成功的可能性？你可以在網路上建立自己的作品集，創造出自己的差異化，或是擔任數位實習生，用遠距工作的方式到你想要的公司體驗實習，爭取更多人認識你的機會。

用敏捷思考，讓你在生涯的不確定性中應付各種改變

根據Lipshitz和Strauss在一九九七年針對一〇二篇生涯決策有關的文獻系統性回顧指出，生涯規劃中的決策有三種不確定性狀態，分別是：危機或風險（生涯難以預測）、模糊性（會有偶發意外）、模擬兩可（生涯決策的好或壞難以定義），其實這樣的生涯不確定性狀態，跟我們現在所面對的大環境十分相似。

面對生涯不確定性，Krumholtz在二〇〇五年的研究認為有五種生涯諮詢技巧可以幫助我們在「無常」中發現驚喜，在不確定性中看見機會，分別是好奇（願意探索新機會）、堅持（遇到挫折還是盡力堅持到底）、彈性（情緒能接受隨環境轉化）、樂觀（將機會視為可能達到的新目標）、冒險（願意擺脫舊有行為模式，把

注意力與精神放在可以做的小行動上），這五點也正好吻合企業應變不可預期，變化多的複雜環境而發展出來的「敏捷思考」管理法的特色。

因此無論是管理公司還是個人生涯規劃，「敏捷思考」都是希望培養我們擁有一個在不確定性中可以持續創造更快、更好、更有價值的思維，尋找可能的突破點跟機會，危機才可能變為轉機，結果才有可能變好。

面對未知未來，該如何培養敏捷思維？

❶不要放棄思考

金城武曾經說過：「世界越快，心則慢。」只有慢下來，才能做更深入的思考。「敏捷思維」的「敏捷」是行動跟執行方法，快快做、快快錯、快快改、快快爬起來，只有用最低的成本不斷摔倒，才能從真實的環境跟客戶回饋中爬起來；但是「思維」指的是讓思緒匯聚，從既有的框架中解套，而思考需要時間。

舉個例子，比爾蓋茲管理微軟時有個很著名的習慣，叫做「思考週」，每年有兩次，每次為期一週，他會將自己從管理中解套出來，面對團隊提供的素材跟資料，靜靜的思考一週。而我自己雖然沒有思考週，但也會在每個月安排一天「思考日」，這天不安排行程，只面對一片白色的牆壁或是畫紙，靜靜的思考盤整自己，這樣面對多變的世界，才能比別人更清醒。

❷做有價值的行動

想做就做，馬上啟動，快速計畫、快速執行、快速檢查、快速糾正錯誤，在明快的節奏下調整跌代，千萬不要說：「讓我再想想。」「好啦我知道了。」「找時間我們來聊聊。」只有快速的行動，才能比別人跑得快，在變動中求生存。

知名的雲端文件儲存公司Dropbox，它的創始人在有這個雲端文件儲存的想法後，沒有立刻花大錢開發程式跟組建公司，而是先用他力所能及的方式確認這個想法可不可行，他拍攝了一段三分鐘的影片，說明自己的想法，而這個影片引來十萬人的關注，收取到大量的意見，讓他更了解未來潛在使用者們真實的需要，讓之後產品公測版出來後，有七萬五千多人想要測試，他就是用最節省成本、最快的速度犯錯並且糾正錯誤的好例子。

❸隨時能煞車轉彎

很多人不敢加速小量嘗試，很有可能是技術不足或是不知道煞車在哪裡。不會轉彎，自然就不敢加速。經營企業或是自己的生涯也是一樣，加速跟煞車是一組的，你要會煞車跟轉彎，才是一整套完整的能力。

小米手機的MIUI操作系統，很多功能其實是快速修正、轉彎出來的。小米工程師每周五晚上都會把更新版的操作系統推薦給用戶更新，工程師們可以馬上從論壇中發現大量的用戶需求，然後有選擇的加到操作系統裡，而小米也會針對受使用者歡迎的功能獎勵這些工程師。這個快速更迭的過程，已經做了八年。

所以，我們從攀登世界最高峰珠穆朗瑪峰的故事中學到：要學習**用最快的速度、最低成本的方式犯錯**，不要期待一步到位、一次達成，而是要切割小目標，容許小失敗，在失敗中爬起來，唯有持續的暫停、修正、進步，你才敢邁開步伐，在過去的經驗上大膽嘗試。

敏捷思考生涯策略，需要小步驟持續修正

在過去輔導超過一百五十位運動員生涯規劃的經驗發現，很多人期待生涯規劃可以一步到位，一次就達成目標，把人生活的像是一把豪賭，全押下去一次作收，但也可能一次就傾家蕩產或難以收拾。敏捷思考給我們的生涯啟示是，在變動且不確定的環境中，把大目標切割成可控的幾個小目標，並且在嘗試中修正前進，在行動中成長。

簡單的目標你或許可以一步到位，但或許正是因為目標充滿著未知與不確定性，才更需要保有修改的彈性，用方法與策略幫助我們逐步改善，度過生涯上的種種難關。我很推薦敏捷思考給每一位在生涯中遇到迷惘的朋友，希望它可以成為你面對複雜環境時的穩定力量。

敏捷力 TIPS

- 夠敏捷，才能用最低成本的方式犯錯然後優化，專注在最重要的事上。
- 用敏捷思考，讓你在生涯的不確定性中應付各種改變。
- 敏捷不是快，而是做有價值的行動，不要放棄思考，然後隨時煞車轉彎。
- 用最快的速度、最低成本的方式犯錯，不要期待一步到位、一次達成，持續修正、微調，你才敢邁開步伐，在過去的經驗上大膽嘗試。

08

目標力
方向對，不怕路遠

有願景而沒有行動叫做白日夢，
而有行動沒有願景只是一場噩夢。

——佚名

約翰·賈伊·查普曼曾說：「世人都崇拜那些目標遠大的人，不論是貝多芬的交響樂、亞當·史密斯的國富論，以及人們贊同的精神產物；你熱愛他們，是因為這些東西不是做出來的，而是他們的真知灼見發現的。」擁有一個高遠的目標，可以激發人類的創造性，使人取得更大的成就，就像人類也是先想像飛翔，才有製造飛機的夢想一樣。但是，我該如何才能找到目標？目標又應該怎麼規劃才能夠達成呢？

如何才能將目標設定成具體可達成的行動計劃？

運動員時常需要設定目標，以賽事目標來說，四年一次的奧運會，中間間隔兩年有亞運、世界盃、冬季奧運，其間還有全中運、全大運或是全國運動會穿插其中，更別說每年都有總統盃、單項協會的選訓比賽或是企業聯賽，小至每天、每次的練習，每月或每季的模擬比賽等等，運動員是時常需要設定清晰目標並努力實踐的人。到底，設定什麼樣的目標最容易達成呢？答案是「具體可執行」的目標，是目標設定的關鍵。

什麼叫做「具體」呢？各位可能有搭計程車的經驗，如果你在難得的假日想要出門走走放鬆，你在路邊攔了一輛計程車，司機問你：「請問你要去哪裡？」你說：「請載我到一個可以舒服放鬆的地方，謝謝。」你猜猜司機會作何反應？

幸運如你，如果你沒有被趕下車的話，司機應該會轉頭再問你一次：「可以請你給我一個地址？或是告訴我是在哪一條路跟哪一條路的交叉口放你下車嗎？」

在剛剛計程車的故事中，那個「舒服放鬆」的感覺就是你的渴望，而「地址」就是要把你的渴望具體化讓別人聽得懂並且可以載你過去。試想，要讓人舒服放鬆的方法太多種了，過於抽象的渴望，不容易聚焦，也無法在執行時即時修正，容易讓人陷入一團不知道該如何前進的迷霧之中。這時候，學會將你渴望的目標具體化，就愈能幫助我們前進。

善用目標設定九×九宮格圖，讓目標具體化

日本麻布國中國二一生足球員

日常練習紮實	托球次數增加	踢球姿勢微調	耐力跑	爆發力	肌力訓練	日常踢球訓練	放鬆	肌肉
寬闊的視野	1 **控球**	冷靜放鬆	柔軟度	2 **跑步速度**	步態調整	看準球	3 **踢球能力**	姿勢
小心謹慎	看準踢球方向	想像力訓練	心情狀態	保養釘鞋	要贏的執念	身體柔軟性	心志強度	看遠方
想像力訓練	對贏球的執著	不要忽喜忽憂	1 控球	2 跑步速度	3 踢球能力	本體軀幹穩定	判斷力	護球前進踢法
對自己有信心	8 **心智狀態**	常把隊員當對手練	8 心智狀態	**全國職業足球後衛**	4 護球前進能力	盤球功夫	4 **護球前進能力**	寬闊的視野
改正錯誤	檢討自己而非他人	確認目標	7 守備能力	6 運氣	5 獲得團隊信任	重心移動法	不讓人搶走球的意志	肌力訓練
身體練強壯	跑步速度	跳躍能力	不說人閒話	注意用字遣詞	整理身邊衣物	多關心隊員	該嚴格就嚴格	基本功
寬闊的視野	7 **守備能力**	跑步速度	不抱怨	6 **運氣**	幫助人待人親切	決斷力	5 **獲得團隊信任**	場上要發出聲音
不畏懼對手	不讓人得分的意志	嚴密快速緊逼防守	正向思考	感恩的心	檢討自己而非他人	不抱怨&碎唸	平時要多溝通	守時守規矩

如何設定「具體可執行」的目標，日本職棒投打雙修的「二刀流」選手大谷翔平是箇中高手。大谷翔平受到曾經也是棒球選手的父親大谷徹影響很深，在國中時，父親是大谷翔平的球隊教練，對既是選手又是兒子的他特別嚴格，在國二時，為了嚴格且詳盡的要求大谷翔平執行所有的動作細節，因此透過九×九的八十一格的「九宮格」圖表來要求大谷翔平，並且以當時高中的學長菊池雄星為目標，立志突破他加入日本職棒時被六個球團選為第一指名投手的紀錄，因此透過目標設定九×九宮格圖將需要做到的事情一一具體化寫下來。（如下頁圖）

身體的 保養	喝營養 補充食品	頸前深蹲 90kg	改善 內踏步	核心肌群 強化	軸心 不晃動	做出角度	從上面把球 敲下去	加強手腕
心理	1 體格	傳統深蹲 130kg	放球點 穩定	2 控球	清除不安	放鬆	3 球質	下半身 主導
體力	關節 活動範圍	吃飯 早三碗 晚七碗	強化下盤	身體 不要關掉	控制自己的 心理	球在 前面釋放	提升 球的轉數	關節活動 範圍
清晰 不曖昧	不 一喜一憂	冷靜的頭腦 熾熱的心	1 體格	2 控球	3 球質	以軸心來 旋轉	強化下盤	增重
危機中 堅強	8 心理	不破壞 氣氛	8 心理	八球團 第一指名	4 球速 160km/h	核心肌群 強化	4 球速 160km/h	強化 肩膀周圍 肌肉
不造成 紛爭	對於勝利的 執著	同伴的 同理心	7 人性	6 運氣	5 變化球	關節 活動範圍	平飛 傳接球	增加 用球數
感性	被愛的人	計畫性	打招呼	撿垃圾	打掃房間	增加拿 好球數的球	完成 指叉球	滑球的品質
愛心	7 人性	感謝	珍惜的 使用球具	6 運氣	對主審的 態度	慢且有落差 的曲球	5 變化球	對左打者的 決勝球
禮儀	值得信賴 的人	堅持	正面思考	成為 被支持的人	讀書	跟直球同樣 的姿勢去投	讓球從好球 跑到破壞的 控球能力	以深度做為 想像

大谷翔平目標設定九×九宮格圖翻譯

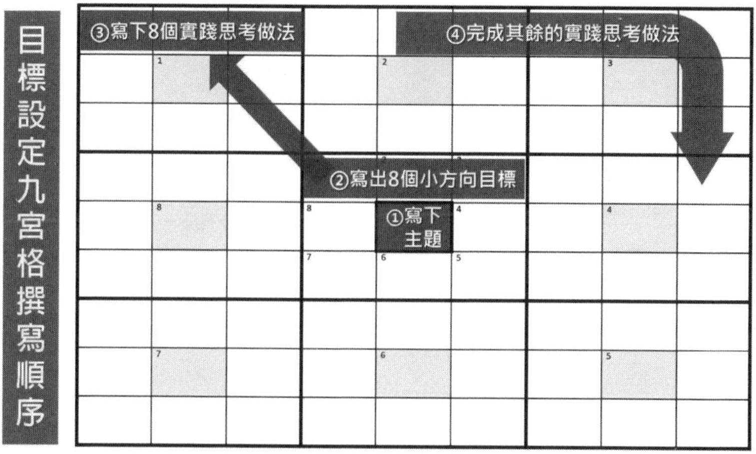

目標設定九宮格撰寫順序示例

大谷翔平在國中時設定了一個有點遠大（超越他學長菊池雄星），卻又不是不可能達成的目標，就是要成為日本「八大球團第一指名」選手，這個霸氣的目標一寫下來，為了要能夠達到，大谷翔平圍繞著這個中心目標，拆解出八個要素跟達成主要目標的管道，包含有體格、控球、球質、心理、球速、人品、運氣與變化球共八個次目標，再依照這樣的拆解方法，將這八個次目標各自拆解成更精細的八個執行方式，填寫在圍繞中心的八個格子中，最後依照自己所填寫的執行方法，為自己進行時間的分配跟落實在行事曆當中。

為什麼將大目標切割成小的執行方式，就會變得比較容易達成呢？

你一定也覺得納悶，不就只是把目標寫下來，只不過是寫的比較清楚而已，怎麼可以說就容易達到呢？目標不是都還在哪邊嗎？

這是一個很好的問題，我來做個比喻，想像你想要達成的這個遠大的目標就像是一隻在太平洋裡悠游的大鯨魚一樣大，如果我今天要求你，把這隻「大鯨魚」吃完，你是不是覺得難度很高？但如果我換個方式，先請你幫我把這隻鯨魚，分成三百六十五等份，每一份再切成三段，讓你早餐吃鯨魚、午餐吃鯨魚、晚餐也吃鯨魚，連續這樣吃一年，你覺得有沒有機會把這隻巨大的鯨魚給吃完呢？相信你也會覺得，這隻鯨魚好像比較容易吃完，因為我幫你把大目標（鯨魚）做出了切割（365×3等份），讓你更好執行，這就是日本人常說的：「鯨千割法。」

似乎將大目標切小，就會感覺好執行的關鍵在於，人們常常會**高估自己一天可以做的事，卻又低估自己一年能做的事**，大多數人只在乎短期眼前的成果，卻往往忽略長期可以做出的改變。回想一下，你是否曾經在期末考前還有十個科目沒有念，覺得壓力超大，卻又覺得書多到看不完就放棄了；但如果提早準備，兩天只念一個科目，二十天內就可以讀完全部的期末考內容，只占一個月的三分之二，這就是目標切割法，讓你用更長的眼光跟視角來思考目標。

抽象的心理素質也可以具體化嗎？

讓我們再回頭看看大谷翔平的目標設定，在最底下中間的九宮格中「運氣」這個次目標中，執行方式竟然有打招呼、撿垃圾、打掃房間、讀書等內容，而對運動員來說很重要卻又抽象的「心理」方面，大谷翔平具體可執行的方法包含了頭腦冷靜內心炙熱、對勝利的執著等等，這些執行方法看起來好像跟他的主要運動棒球沒有什麼關聯，但仔細想想，這些事項確實都是選手可以達標次目標或是態度養成的基礎。

世界排名第九，中華隊柔道國手楊勇緯的目標設定九×九宮格圖，照片由曾荃鈺提供。

運動員要走到奧運舞台，難度、壓力、細節之多可想而知，如果每個細節都要顧到位，光想到就壓力山大；不妨學習大谷翔平及多位運動員們的目標切割法，把奧運奪金目標拆解成八十個子目標與執行細節，一次顧好一件事情，積沙成塔，當你內心懷抱著強烈的渴望，行動上卻十分務實逐步建構起具體可以實踐的目標，當每一個執行細節都看得很清楚，目標也就更容易達成。

目標力 TIPS

- 利用目標設定九×九宮格表，寫下「具體可執行」的目標。
- 將大目標切小，讓你更好執行，用更長的眼光跟視角來思考目標，也就更容易做到。
- 將抽象的心理素質或態度習慣，變成具體可行動的內容，目標才有機會達成。

換你練習：
九×九宮格目標設定圖

1. 拿一張A4紙，畫出九個格子，先在最中間的格子裡切割出第一個核心的九宮格，在正中央設定一個有點遠大但很值得追尋的目標（最好是一到五年內的目標），但切記不要是兩週後的目標，也不要像是晚餐要不要吃牛排這種過於簡單的目標。
2. 在最中間的格子，圍繞著核心目標，設定出八個有助於達成遠程目標的次目標（把最中央的九宮格填滿）。
3. 然後將八個次目標，向外丟到另外八個九宮格的正中央，成為核心，再思考有助於達成八個次目標的八種執行方式（請寫出具體可執行的方案）。
4. 依序完成周圍的格子，寫下清晰可執行的目標（符合SMART目標設定原則，用客觀的數字、日期和時間來衡量目標），就可以有系統性的達成八個次目標，進而達成最核心的遠程目標。

08 目標力
方向對，不怕路遠

	1			2			3	
			1	2	3			
	8		8		4		4	
			7	6	5			
	7			6			5	

09

耐挫力
走進人生的搖滾區

那些殺不死我的，
都使我更強大。

——尼采

贏家，只為下一次的成功找方法

二〇一九年四十五歲的傳奇職業球星，背號51號的「鈴木一朗」宣布退休，他在美日職棒生涯締造連續十七座外野金手套獎記錄，同時他還保有美國大聯盟單季最高安打數記錄兩百六十二支安打，以及連續十個球季都能擊出兩百支以上安打的金氏世界紀錄。

要能夠繳出這樣的成績單，鈴木一朗的生活作息相當自律。從每天起床的那一刻起，一朗就會按照該日行程行動，不管是吃飯、練球、練體能等項目，行程上每分每秒皆不偏差，這也是讓鈴木一朗能夠在大聯盟打拚二十年的關鍵因素，四十五歲退休的他，體脂肪竟然只有七％，比水手全隊都還要低，他是個延遲享樂的奉行者，曾經跟記者說道：自己上次度假已經是十五年前的事了，當時他與妻子前往義大利米蘭，但回程後，鈴木一朗花了將近三週期間才將體能恢復，這讓一朗從此下定決心不再度假，全心全意投入嚴格的自律生活。

像這樣一位偉大的球員，他在大聯盟生涯平均的打擊率是〇．三一一，若是用另外一個角度來看，他揮棒十次，大約只有三次多一點會成功，有將近七次會以失敗收場。失敗是運動場上的家常便飯，如果鈴木一朗要因為每一次的失誤而沮喪消沉的話，他肯定無法成為現在感動千萬人的大聯盟紀錄保持人，而他身上驚人的耐挫力，值得我們學習。

同樣熱愛棒球的劉柏君，當了十四年的棒球裁判，是台灣第一位女性棒球主審，但是國中時想參加棒球隊的她，只因為沒有球隊願意收女生棒球選手，她只能默默的看著同學們比賽，自己在場邊當記錄跟翻譯。「當時心中覺得惋惜，卻也無可奈何。」劉柏君發現，重視性別平等的台灣，竟然沒有一個為運動女性發聲的平台？在傳統以男性為主導的運動環境中，有時候會用男性眼光看體育場中的女性，覺得女生只能當球迷、啦啦隊、翻譯等，或是「女生運動強度不夠，比賽不好看」、「你要平權那就讓女生跟男生比賽啊！」這樣的話語出現。

現在是台灣運動好事協會執行長與台灣女子運動體育協會理事長的劉柏君強調：「人總是習慣處在他人既定規則的框架中，不敢爭取機會，但你要去嘗試爭取或投入，改變才會發生。關於平權應該是尊重每一個人，不是把男生跟女生一起比賽就是公平，男性比賽中也有分量級，男女生其實只要當成不同的量級即可，重點還是要享受運動帶給我們努力爭取後的愉悅感，才是最重要的。」

二〇一九年劉柏君由國際棒壘球總會提名，獲得由國際奧會與聯合國頒發的女性與運動獎，《富比士》雜誌也稱劉柏君為國際體壇最具影響力女性之一。劉柏君致力於打破女性在運動上所受到的不平等待遇與歧視，她在聯合國頒獎台上的致詞說道：「要三振性別歧視並不容易，相信大家都知道，當女性擔任領導位置，我們不能只是夠好，而是必須更優秀才行，感恩獲此殊榮，我將以投身社會服務為使命，更致力於打破女性在運動上所受到的不平等待遇與歧視。」

台灣女子棒球之母劉柏君跟日本傳奇球星鈴木一朗一樣，都是不被環境打敗，不被挫折擊倒的優秀典範，他們的耐挫力，是在一次又一次的挫敗中，像肌肉一樣鍛鍊強大起來的，對他們而言，你逆境不是問題，而是找到自己生命中為什麼要努力的意義，那麼挫折就會變成他前進的養分，在逐步修正的過程中，找到自己人生的意義。

要能耐得住挫折，你需要擁有跟挫折相處的高逆商

逆商（Adversity Quotient, AQ），是你應對逆境時候的能力。一個人再怎樣順利，在成長路上都會遇到挫折或壓力，沒有隨隨便便就輕鬆成功的人，但當遇到逆境時，你是怎麼看待內心的壓迫感，就決定你逆商的高低。

運動員其實就是攀越逆境的人，身高一百八十公分，拿下世界第二，也是台灣羽球史上最佳紀錄的羽球男單國手周天成說：「愈高層級的比賽，球場上的誤判、對手小動作、過去對戰的失敗經驗影響都很大，也可以變成擊垮你的理由，但你可以生氣去理論，也可以回到自己的情緒節奏，退一步站到更高點看，視野跟思想開闊，下一球再追回來就好了。」

逆商不是天生的，也無法現場臨時生成，而是累積應對經驗逐漸養成的；卓越的運動員是提升逆商的高手，看周天成應對逆境的處理方式，正好符合美國作家保羅・史托茲博士在《逆商》研究中提到的LEAD逆商提升四步驟。

第一步：
L＝Listen，傾聽自己的逆境反應

所有心理上的改變，都不是來自於自責；不管是無法戒菸、減重失敗、持續性拖延，你越是指責自己，越是無法改變結果。根據研究，所有心理上的改變，都是來自於「覺知」，意識到自己的不足，傾聽自己身體的需求跟聲音，才能夠徹底改變。奧運羽球國手周天成也說：「運動員不會因為你這一球而輸掉這一場比賽，卻會因為你的情緒無法控制而輸掉一場比賽。」喜歡思考的周天成，會在遇到挫折的當下，轉換到一個更高的視角看全局，意識到這個狀況但不責備自己，而是下一球再討回來。

意識到自己處在逆境中的反應，每個運動員做法不同，NBA球星「狼王」加內特（Kevin Garnett）和「惡漢」查爾斯·巴克利（Charles Barkley）年輕時因為在球場上容易衝動，他們會帶上「橡膠手環」提醒自己，如果一時衝動情緒上來，或是意識到可能有壞事情要發生，他會立刻拉起橡膠手環彈向自己的手，阻斷慣性思

維，讓注意力回到目標上，也避免被惡化的情緒搞砸。

第二步：

E= Explore，探究自己對結果的擔當

誰才能夠為這件事負責？其實面對挫折與困境唯一能夠負責的人只有我們自己。問題是，我可不可以承認是自己要承擔，而不是向外抱怨，或是試圖用自己的力量想扭轉環境，反而越陷越深，最終失控而變成一場心理災難。

周天成也有過這經驗，在一場印尼羽球聯賽上，他遇到一位小他八歲的選手喬納坦・克里斯提（Jonatan Christie），當時周天成在國際上已經小有名氣，因此賽後驕傲的對喬納坦說：「我在我這個level等你。」結果一語成讖，之後喬納坦成績突飛猛進，每次在國際場上遇到喬納坦，周天成心中都會浮現出自己說過那句驕傲的話，縱使這句話可能只有他們兩人聽到，也因此讓周天成心中有了疙瘩，面對喬納坦吞下了五連敗。

後來，周天成禱告後想出了一個解決辦法，就是「承認」，因為只有我能夠為

我說過的驕傲負責。於是周天成在賽後鼓起勇氣跟喬納坦說：「我跟你說，你現在已經超越我了，是換我要來跟你學習。」周天成放下身段，轉換成一個更低的姿態，換他來衝擊喬納坦，這種看似是「向對手示弱」的舉動，卻是願意向自己承認：過去的驕傲我要自己承擔。從那次之後，周天成終於攀越心中的困境，克服生命中驕傲的功課，拿下勝利。

第三步：

A= Analyze，分析證據

誰能掌握這個局面？我能夠做些什麼？這件事情還會影響到哪些面向？這個困難會影響多久的時間？透過分析自己對逆境的掌控度、擔當力、影響層面以及挫折的持續性，日光之下沒有新鮮事，你現在的逆境一定有人克服過，運動場上激勵人心的故事更是多，但下面這個故事，真的讓我很有啟發。

一九八八年漢城奧運，美國棒球隊擊退了有野茂英雄壓陣的日本隊、拿下奧運金牌，但更特別的是，美國隊裡有一位「獨臂左投」名叫吉姆・亞伯特（Jim

Abbott），因為先天殘疾，右手沒有手掌，但熱愛棒球的他為了打棒球，投球時會先將手套夾在右腋下，左手將球投出後，再迅速把手插進手套裡，原本被同儕譏笑為「愚蠢」的動作，卻靠著苦練，讓這個動作在大聯盟中獨樹一格，曾有對手不斷以內野短打挑戰他的守備能力，但令人驚奇的是，單手換棒球手套吉姆・亞伯特從沒被難倒過。

進入職棒後，吉姆・亞伯特成績還是好得沒話說，生涯前三年都拿下單季兩位數勝投，一九九三年轉入洋基隊後也拿下十一勝，在大聯盟奮鬥十年才退休，他在報導中說：「我從不認為我的缺陷對我的發展造成了限制，我不希望被貼上殘疾人士的標籤，我一向要求自己場上表現不要輸給其他選手，我盼望被當成一般人，不管我的外觀上是否有什麼不同。」

吉姆・亞伯特只有一隻手卻是大聯盟和奧運金牌選手，周天成在二〇一六年以前沒有太多媒體認識、沒有教練、沒選上二〇一二年奧運、資源贊助缺乏、年齡漸長時又連輸十場國際賽，他願意直面挫折與困難，把過去自己的剛猛打法與步伐砍掉重練，謙虛學習放低自己，終於重新站上世界的舞台；這兩位選手教會我，所有的挫折唯一能承擔的人是自己，而且任何挫折都是可以克服的。

第四步：D=Do，馬上去做

列出所有我可以做的事，可以控制的事，重新回到關注的目標上，一步一步地去執行、去行動。在二〇一六年前，大家只覺得周天成是一個比過亞運卻可能過氣的選手，但是他每天晚上都在想著怎麼讓自己更進步，與物理治療師高敏珊討論自己的身體狀況，他說：「在有好成績，有影響力的時候，就要去回饋，趁自己還有影響力的時候多做公益，才可以影響更多人，能夠給予，真的很開心。」

做公益，不是在作秀，但是卻有很大的心理幫助，透過幫助別人，就不會天天只在關注自己的得失，將能夠有效降低憂鬱，也幫助我們避免把挫折災難化，重塑我們的個人價值。周天成透過運動傷害的推廣教育以及校園羽球教學活動，深根基層，在幫助年輕選手的過程中，幫助他找回遺忘的初心，你說：初心為什麼很重要？因為如果忘了初心，就忘記自己為何要努力。

面對瞬發逆境，把自己「渺小化」能快速恢復平靜，創造高逆商

很多人評估完挫折影響性跟改變計畫後，遲遲無法開始的原因，是因為把挫折的影響力餵養得太過巨大，把自己看得太過重要。人生有挫折才精采萬分，人生就像看演唱會，想要擠到前面的搖滾區，直面第一線的挑戰，難免擁擠、票價昂貴，因為你總要付出代價，但就算如此，都比你為了擔心受挫而委屈自己坐在遙遠的觀眾席來得好，因為不到第一線直面困難，你永遠不知道自己能承擔多少。

Dag Hammarskjold曾經說過：「登頂前不要估量山有多高，登頂後你就知道這山是多麼的矮小。」渺小化其實是讓你敢於行動的好方法，下一次遇到挫折時，除了牢記逆商提升四步驟LEAD工具之外，去一個可以讓自己感受到渺小的地方感受一下，像是從大樓窗外看向市區車水馬龍的夜景，運動爬山，抬頭望向星空或是到海邊走走，你會發現，自己並不是世界上最無助可憐的人，我只是這

浩瀚宇宙中的一個人，一個人的壓力在這宇宙中又算什麼呢？一定有可以解決的辦法。

停止把自己的困難放大，把個人的挫折放到這個巨大的宇宙中，壓力自然就會被稀釋，受害者跟壓力的感覺就會消失。對周天成來說，縮小自己最好的方法，就是相信有一位神。因為他相信，有一位至高天上的神在察看，因此他會謙卑下來，思考這些東西為什麼會發生？對我有哪些影響？我還能夠做些什麼？「弟兄們，我不以為自己已經得著，我只有一件事，就是忘記背後，努力向前，向著目標竭力追求，為要得著神在耶穌基督裡召我而來的獎賞。」這是周天成很愛的聖經經節，你最終會透過覺察，然後興奮的對自己說：「太好了，我終於有可以傾聽逆境的機會了。」你嶄新的一天，也就從此展開。

逆商差的人，容易一遇到困難就情緒爆炸，如果又給他建議，保證你們吵起來，這個時候關鍵就不是給他建議，而是要問他問題。你可以問他：所以這件事情你完全無法掌控了是嗎？這件事情還有誰能夠為它負責呢？還有誰可以做些什麼來改變這一切？請你相信，每一個人的內心都渴望克服逆境成為更好的自己，有些人只是被隱藏，但沒有人希望活得讓人感到失望；我從小天身上感受到，他不斷在散發他的影響力，去啟發身邊的人，不僅是技術，更是他那最關鍵能夠擁抱逆境的心理素質，高逆商。

耐挫力 TIPS

- 失敗是運動場上的家常便飯，只有承擔起所有挫折的人，才能挺立直到最後一刻。
- 要能耐得住挫折，你需要擁有跟挫折相處，客觀看待內心壓迫感的高逆商。
- 停止把自己的困難放大，思考我還能做什麼，積極迎向困難。
- 掌握LEAD逆商提升四步驟，快速恢復平靜，轉換一個更高的視角俯看全局。

10

矛盾力
夠負面，才會成功

沒有人一輩子只收到玫瑰花，
每個人都會有碰到艱苦與困難的時刻。
有時候，我們會遇見困難來臨，
有時候則猝不及防，
問題是：事情發生後，我們接下來要怎麼辦？

——雪柔．桑德柏格（Sheryl Sandberg）《挺身而進》

人與人之間有一種無關優劣的不同，在全世界將近七十億人口中，你最需要知道一個「不同」的人，就是你自己。這就是我們常說的自我認知。

過去我一直以為我是一個只能以說話為生的人，因此寫作跟文字工作從來不在我的想像中，我喜歡透過演講、諮詢、意見交換，透過廣播節目跟陌生人交談新知，也在訪談中挖掘出有意思的故事。直到二〇二〇年的某一天，我參加了一個專業課程做了測驗之後，才終於知道，其實寫作這種文字的溝通能力，看似是靜態，其實也是我可以做得到的，我才開始每週寫專欄跟文章，一提筆就停不下來，寫到現在。

說話跟寫作並不衝突，兩者都是溝通，但在意識到這件事情之前，我不認為自己做得到，這就是希臘哲學家蘇格拉底說的：「認識你自己」，也像華人思想家老子《道德經》中說：「知人者智，自知者明。」兩位哲人都異口同聲的說到自我認知的重要性，但要如何提升自我認知呢？

美國心理學家魯夫特（Joseph Luft）和英格漢（Harry Igham）對「自我認知」進行了多年的研究，提出了註明的「周哈里窗」理論。這個理論認為，每個人的自

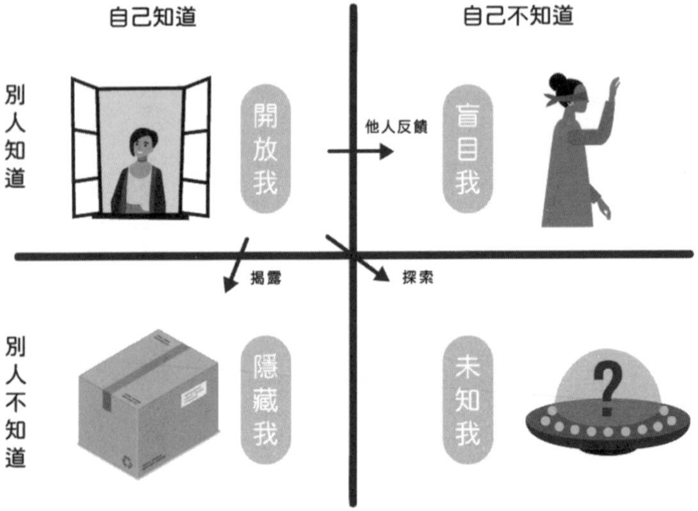

美國心理學家約瑟·魯夫特（Joseph Luft）和哈里·英格漢（Harry Igham）對自我認知研究提出的周哈里窗。（中華民國運動員生涯規劃發展協會王雅立繪圖）

我都可以分成四個部分：開放的自我、盲目的自我、隱藏的自我、未知的自我。在認知世界跟認識他人之前，擁有不偏不倚的自我認知，是相當重要的情感能力，也是人類動力的來源之一。

在運動場上，有時候我們看到一些選手跟教練間的互動，我們會想為何有些選手可以忍受嚴厲的教練、超乎常人的艱苦訓練？而有些人不行呢？這其中跟選手對自己的自我認知，以及教練對選手的認識有很大的關係。而在我陪伴選手的經驗中，最讓我感到意外且矛盾的，應該就是柔道選手廖宇蓉靠著夠負面，才一步步邁向成功的例子了！

誰說運動員一定要樂觀？廖宇蓉：預防性負面 讓我做出正向的改變

五官立體，花蓮原住民、隔代教養、繼父帶大、讀體育班，這五個標籤，是初次認識台灣女子柔道史上六十三公斤級最佳世界排名選手廖宇蓉時，我對她的第一印象。

高中以前的廖宇蓉，一年只見到父親不到五次，練柔道兩年後阿嬤才知道她加入體育班，也只有在鎖骨斷掉或身體受傷時，家人才會問她是不是練太累了。「這一路上遇到所有的人、事、物，好的影響，壞的影響，對我來說都很好。」宇蓉笑著說著，眼神堅定閃爍著光芒，但我卻為她這麼小年紀就需要經歷的成熟感到心傷。

廖宇蓉說話冷靜，思緒清晰，喜歡反省自己。她說自己最愛看的書是文案的美創辦人林育聖老師的《每天來點負能量》，但你說她是個負面的運動員嗎？好像又有點說不通。

從小到大，當我們有一些負面的情緒需要表達的時候，你身邊的人是不是也會希望你往樂觀一點的方向思考呢？日常生活中，身邊的人好像都鼓勵我們要樂觀，悲觀或負面就像是我們需要改善的缺陷。但是，負面都是不好的嗎？我們只能用樂觀的態度面對壓力跟困難嗎？有沒有可能，悲觀反而對我們有正面的幫助呢？我在廖宇蓉身上，就看到「預防性負面」的最佳實證。

心理學上定義的悲觀，是一個人面對一件事情，會傾向解讀或相信事情是糟糕的，而且是每況愈下的。而負面，則是因為這一類情緒在過去的個人體驗是不積極的，讓人不適，甚至會干擾日常的生活和工作。

但是，預防性負面，其實是一種心理策略。像宇蓉這種擁有預防性負面性格的人，在遇到事情時，會習慣用預先防範、防禦最壞狀況的角度來思考；但是這樣的人，通常會極力的希望可以消除內心對於挫敗的焦慮感（也有人說這是不服輸的性格），所以她就會回頭來思考，如果我不想要變成這樣（最壞的結果），那我現在可以做些什麼來改變呢？這樣的思考，會促使她產出因應的「策略」跟「行動計畫」。

預防性負面的心理策略：用未雨綢繆來消除心中的不安

對於「預防性負面」的人來說，他追求成就的主要動機，是要消除內心不舒服的感覺，才會未雨綢繆的準備。宇蓉其實練柔道的初期也是這樣，因為表哥有玩柔道而開始，卻因為「不服輸」跟「別人做得到，為什麼我不可以？」的個性使然，被「激」到才能堅持到現在。

過程中，當她的繼父問她：「妳如果不練柔道了，妳要做什麼？難道妳真的要來跟我一起搭鷹架嗎？」我坐在她身旁，注意到分享這段故事時，她的情緒有些激動，因為那確實是她思考要不要繼續練柔道的關鍵。最後她反思自己：「教練既然認為我是個材，只是練得不夠，那我為什麼不繼續試試看？」她緊接著規劃出行動計畫，為自己避開這個不好的結果，讓宇蓉雖然接觸柔道僅有八年的資歷，卻在今年躍升為同量級台灣成績最好的女子選手。

宇蓉的案例，其實就是典型的「預防性負面」，她透過跟自己對話跟反思，思考如果我沒有繼續練柔道，最糟的情況會是什麼？我還會是什麼？我現在最好的因應策略是什麼？我該如何避免失誤或不好的結果發生？

在競技運動中，通常選手會遭遇的重大挫折就是兩個，一個是成績不符合預期，另一個是受傷；但是當宇蓉把這兩件事情考慮進來，而且她也幸運地（或不幸中的大幸）很早就經歷過重大的受傷跟沒有成績的挫折，才能夠從低潮中反思自己，並且在二〇一九年成績排名大躍進，直到現在。

如果你也是預防性負面的性格，我該讓自己更樂觀？還是可以怎麼善用這個特質呢？

既然是特質，就不容易馬上改變，也不需要全部砍掉重練。大家會以為樂觀的人表現會比悲觀的人還要好，可能是因為樂觀的人總是對自己充滿信心和期許，悲觀的人比較容易焦慮也對自己的期望普遍比較低，但其實有心理學研究指出，預防性負面的性格者最終的成就表現，不一定會比較差。

對於預防性負面的人來說，給予自己過於正向的想像未必具有顯著的幫助，就像是正能量的文字也不見得對於每一個人都有用一樣，身邊的人如果一直給予他樂觀積極的喊話，像是「你最棒」、「你一定可以的」，聽在他們耳裡，反而會覺得你在說風涼話，或是只允許他表現出正向的那一面；相反的，讓他去想像某一個可能預期會產生負面結果的情境，對他們來說反而會比較好，因為他需要這個心生警惕來促使自己更加注意，很多的大老闆跟成功人士其實都是這種預防性負面性格的人。

關鍵不是樂觀或悲觀，而是你有沒有反思自己的情緒狀態

如果有人對一件事情一直都很正向，會不會他對這件事早已麻木？又或者這是一種盲目的樂觀？會不會是沒有考量到實際的情況？或是低估了一些實際的風險

呢？其實盲目追求樂觀或正向，並不會帶來更好的人生。

其實，悲觀跟樂觀沒有絕對的好跟壞，關鍵在於你是否能夠適應這樣的狀態。如果你就是比較負面跟悲觀的人，與其假樂觀，不如直面困難，接納自己的真負面，並且用以下三個步驟思考：

❶承認自己的負面狀態

當你覺察到自己對一件事情有負面的情緒反應時，只要能夠接納自己，說：「有這樣的反應是很正常的，這才是我呀。」只有接納，才不會浪費心力在否認跟抵抗這種情緒。

❷區分可控與不可控

接納後，緊接著再反思、整理自己對於結果會憂慮的原因，區分哪個部分是自己可以控制的，同時判斷哪些是沒有辦法的。正如同美國神學家尼布爾所寫下的三句「寧靜禱告詞」中強調的：「請賜我寧靜的心，去接受我無法改變的事；賜我勇氣，去改變我能改變的事；賜我智慧，以分辨二者的不同。」區分哪些是你可以控制的，將會為你帶來寧靜。

❸發展應對策略與行動計畫

最後，針對自己可以提升跟調整的部分，發展一些問題解決的策略和行動計畫，並試著去修正做做看。如果過程中，發現焦慮的情緒依然會困擾自己，就再給自己一些時間消化不安，可以做些自己喜歡的事情或是找人聊聊分享；如果發現有逐漸降低焦慮與壓力，那你就逐漸朝更好的自己邁進了。

看似是失落的悲觀想法，卻能找回負負得正的人生奧義，負面思考也可以有正面的威力，一切只看適不適合你而已。

矛盾力 TIPS

- 擁有不偏不倚的自我認知，是運動員前進的動力來源。
- 不是一定要樂觀，悲觀其實更容易讓某些人控制風險。
- 預先防範，從最壞的角度思考並控制它，反而能帶來正向的改變。
- 「預防性負面」關鍵在於反思自己的情緒狀態，承認它、區分它最後用行動回應，每種情緒都有它存在的必要性，擁有自我認知，才能準確的使用情緒，讓自己向前邁進。

11

極簡力
多少要自己走過才懂

知止而後有定，定而後能靜，
靜而後能安，安而後能慮，
慮而後能得。

——《大學》

「Less is More」少即是多。這句由建築大師密斯・凡德羅說過的話，甚至成為大家耳熟能詳的人生哲學經典，讓無數人奉為人生教條，也是玲子老師透過帆船在海上學到的精神。

有人認為，運動能讓人在挑戰極限的過程學習與自己對話，而在烈日之下、海浪之上的帆船運動，還能夠讓人學習與大自然的互動，在乘風破浪時感受天人合一，體現讓生命更豐富的「減法」人生哲學。

帆船本身除了運動外，也是一種水上交通工具，帆船前進的動力有九十九％都是來自風力，因此非常的環保跟輕便；近日興起的帆船旅行，就是將運動結合旅遊，創造出獨特的生命體驗。航行過大西洋、印度洋，又在二〇一八到二〇一九年，在太平洋海上待了一整年，從阿拉斯加航行到大溪地（約一萬一千九百八十九公里，距離等於繞台灣十圈）的帆船旅行家玲子老師，回國後以「海上的減法人生」為主題，傳遞從帆船運動體驗出的美好哲學，以及在帆船旅行中有趣的人、事、物的故事。

「地球有七十％都是海洋，靠著風，你就可以走到世界上的任何地方。」身為英文老師，接觸到帆船運動真的純屬偶然。玲子老師坦承，在二〇〇六年以前雖然有興趣，但卻沒機會可以體驗帆船運動，但正好就在那年有個在玩帆船的朋友，因為有事要忙，需要找人幫忙照顧他停在北部港口的船，玲子老師便自願去幫忙照顧洗船，也藉著這次經驗開啟與帆船的緣分，這種開放與自由的感覺，或許就是帆船生活最引人嚮往的地方。

「在海上，很多事情都是出乎意料的。像我第一次搭船，船就觸礁沉了！」玲子老師描述她與朋友在日本九州小村落會合、買齊裝備後，便每天去整修船隻，也受到當地村民許多的幫助。沒想到啟程後在航行近琉球前，卻因不熟悉海域，天色昏暗，船隻不小心觸礁、傷到龍骨，雖然與港口的距離不遠，因此安全獲救，但最終船還是沉了。這樣勇敢的踏上第一次航行，雖然旅程以沉船作為結尾，但這段經驗卻讓玲子老師更加確立自己對帆船運動的熱忱與喜愛。

「玩帆船需要具備好奇心與開放的心胸，學習尊重大自然、保持謙卑、擁抱不確定性，大海也會鍛鍊出人順應環境，靈活應變的態度。」玲子老師說，在海上的學習永無止境，就連四十年活在海上的老船長也自嘆永遠學不夠，航海不只有操控風帆，還要能讀懂氣象、天文、地理，要像是一塊海棉一樣，不斷的體驗、吸收各種關於大海的知識。「面對茫茫未知的大海，會感到害怕嗎？」對於這樣的提問，玲子老師笑說：面對未知有所擔心是正常的，但是因為自己本身就喜歡海，覺得在海上讓人感覺很自在。接觸帆船運動在海上航行之後，就會習慣很多瑣碎的小事情，也要不嫌麻煩的捲起袖子立刻解決，每天也都會遇到不同的事、認識不同的人，對於喜歡旅行的人來說，帆船是「旅行的運動」，很吸引人。

玲子老師將自己這段在海上的生活經歷稱作是「海上的減法人生」，因為像這次她也只有攜帶一只皮箱、內裝幾件衣服與私人物品，就能夠在海上度過一年。她也說，因為住在船上、空間變小、資源也有限，更學會珍惜，重複、限量的使用許多物品。透過這次帆船旅行，玲子老師也體驗到和以往旅行不同的心態，她說旅行最重要的不是擁有物質的紀念品，而是將珍貴的記憶保存在腦海中。

因為少，所以要有明確的目標
因為少，就必須去除不必要的多餘

因為少，就得專注把有限精力集中一處
因為少，更要懂得節制

玲子老師認為，少，不是單調，而是簡潔；多，不是繁複，反是豐富，這才是LESS IS MORE的減法人生。在空間、物質資源非常有限的大海上，這套人生哲學，深深的影響玲子老師很多很多很多……

人生總是複雜的太多，簡單的太少

到底什麼是多？什麼是少？指數型基金發明人伯格，在他的第七本著作《夠了》中闡述了這個觀點。什麼時候我們會說「夠了」？什麼時候我們會說「不夠」？有人勸酒，你可能用手摀著酒杯輕聲說：「夠了。」每月月初剛領完薪水，信用卡、水電費東扣西扣，你望著存款簿哀嘆的說：「不夠。」

很多人可能認為沒有一樣東西是夠的：薪水不夠、時間不夠、房子的空間不夠、運動的成績也不夠。

順著夠與不夠的討論，我們可以繼續聯想，生活中各種可以量化的面向，像玲子老師說的，我們什麼做得太多，什麼做得太少？雜物太多，整理太少？抱怨太多，感恩太少？手遊太多，睡眠太少？炸物太多，蔬果太少？勞動太多，運動太少？玩樂太多，讀書太少？失望太多，相信太少？投機太多，投資太少？想法太多，產出太少？

多跟少好像是對立的概念，但卻是完善一切美好事物的根源。老子說：「少則得，多則惑。」早在三千多年前就告訴我們，當你手上的選擇太多，就容易受到誘惑或是迷惑，得到「選擇障礙症」一樣事事難下決定，在機會面前迷失了自己。但如果你懂得節制，知道要如何專注把精力用在現階段最適合自己的地方，那些不屬於你的機會就不會徒增困擾，你的人生反而可以過得更簡潔豐富。

台灣最速男楊俊瀚，目前生涯一百公尺最佳成績是十秒十三，因為田徑在超過十五個國家穿梭比賽的他，在「毫秒」必爭的田徑世界中，被問到會不會對於進步很沒感覺，楊俊瀚表示比賽其實受到很多因素影響，所以並不會只看成績來評斷自己是否有進步。「當然主觀一開始會看這一趟跑得跟之前個人最佳成績差多少，其中又那些不同的條件，我哪些是有進步。」楊俊瀚隨著大賽經驗的累積，心態也更健康，不再只看成績秒數的多少，而會從整個人的整體，從飲食睡眠的準備，賽前的熱身跟每一趟的狀況做整體性的思考，不會因為今天多了〇．一秒就表示自己沒有進步，也不會因為少了〇．一秒就樂得開心，可以更客觀得檢視自己，是楊俊瀚在田徑場上多年得出的心得。

二〇一九下半年，楊俊瀚因為足底肌膜炎在密集的訓練下未能控制住，導致身體其他部位產生代償作用，而這個傷勢讓他休養了半年。在休養期間，楊俊瀚內心焦急但卻急不得，很感謝教練、家人，與兩位物理治療師的陪伴，「有時候會覺得很煩、很躁，但人家都沒有嫌你煩了，我幹嘛嫌我自己煩，我應該要更感謝他們，更努力完成他們交給我的復健功課。」旁人的付出，楊俊瀚用感恩的心情和積極的復健來回報，而家人的關心也讓他覺得自己不該顧影自憐，應該堅強起來。

這段因為傷勢而被迫「多出來」的時間讓楊俊瀚體會很深，他坦承自己一直以來把生活跟訓練分得很開，因為覺得自己必須隨時隨地都很認真專注，「少了一分一秒」好像就會錯過讓自己更好的機會，所以都把自己封閉在訓練裡，很少花心思去感受到周遭的人事物，自己的壓力也很大；但在受傷之後，被迫慢下來的生活與訓練節奏，讓楊俊瀚與家人的關係更緊密，「你要跑得更快，但是你要試著把自己的心境變慢。」對於一直以來都追求速度的楊俊瀚來說，這是一種很特別的感覺。

每個人的一生都是走著自己的路，探索自己的人生，但比例上到底哪些要多？哪些要少？隨著生命階段的不同會產生變化，世界太複雜，你卻可以活得簡單，只要你能夠列出自己生命中的多跟少，排列出自己追求的優先順序，了解自己一生的追求與價值，人生這場遊戲其實關乎的不是金錢，而是如何用盡全力，來打造一個革新的自己。

知道你人生的目的，就能簡化你的生活

極簡的核心是找到你人生的目的，人若沒有目的跟核心，就會像是船失了舵在海上隨處漂流，或許我們自己常常被困難、壓力、期限、回憶、恐懼、物質跟別人的期望駕馭著我們的生活，但這些都是短暫且飄忽不定的，你必須像船錨一樣找到一個目的核心，你簡化的生活就會充滿意義與動力，就像是英國劇作家蕭伯納也曾說過：人生真正的喜樂是當你感到自己是為偉大的目的而活。那個目的，就是一切極簡的核心。

由真實事件改編的電影《法網邊緣》描述一個小鎮遭受水源汙染，居民找律師跟企業打官司，起初律師的目的是爭取環保訴訟賠償金，也為自己博得美名，結果隨著打官司的過程，律師越來越同情小鎮的居民，自掏腰包追查水源污染的來源，搞得自己負債累累，電影最後，律師站在破產法庭上，法官不敢相信過去這樣有錢的律師，職業十七年剩下的資產居然只有十四美元跟一部手提收音機，何以淪落至

此。法官最後問了一句：「那些用來衡量人生是否成功的東西，都到哪兒去了？」

這部電影衝擊力很大，學生時期看過有些畫面依然在腦海中，法官的那句提問扣人心弦，如果成功不能夠用短暫的成績、名聲、資產等個人所擁有的東西來衡量，那應該用什麼來衡量呢？這也是我在思考運動員最終如何超越運動場的核心問題。我確實沒有答案，但時至今日，或許成功可以從三個方向來看：

一、你幫助哪些人？

二、你是否為心中美好的世界做出貢獻？

三、你有沒有延續這份影響力傳承給下一代？

我自己從國立台灣體育運動大學畢業後，希望能用自己的專業結合運動員生涯規劃教學，幫助更多運動員持續發揮影響力，為建立更好的台灣體育環境跟運動產業發展做出貢獻，讓社會可以更肯定運動員，我覺得這就是我自己生命的價值，或可以說是神讓我來到世界上的使命。對我來說，所做的一切預備，都要服膺於上面的描述，無論是工作、休閒、閱讀、吃飯都是如此，當你有一個清晰的目的，就可以更精簡自己的人生，這是我的答案，希望我們都能對這個社會物慾少一點，奉獻多一點，多思考自己在世界上的貢獻與號召。

極簡力 TIPS

- 少即是多，懂得讓生活跟目標極簡化，生命將會更靈活。
- 少，不是單調，而是簡潔，多，不是繁複，反是豐富，這才是值得追求的極簡人生。
- 思考我們自己的人生中，什麼做得太多，什麼做得太少？
- 極簡是讓我們懂得節制，知道要如何專注把精力用在現階段最適合自己的地方。
- 物慾少一點，奉獻多一點；極簡的核心是找到你人生的目的。

12

意志力
能夠控制自己，才有真的自由

我從不覺得自己是天才，
只要回顧自己每天做了多少折磨人的練習，就不會這樣想了。
達成夢想與目標的方法只有一個，就是累積微不足道的小事。

——鈴木一朗《天才的人間力》

我從不覺得自己是贏在技術，我是贏在意志力。

——奧運划船國手，汪明輝

意志力就像肌肉一樣，可以被長期的鍛鍊所加強，但意志力也像能量一樣會被「消耗」，當意志力不足，人也更無法自控。在我認識的運動員中，意志力鍛鍊最好的，肯定是水里商中划船隊教練，也是三屆奧運、四屆亞運的划船選手汪明輝莫屬了。

身高一八五公分，手臂粗壯，身形高大，有著阿美族血統的汪明輝（輝哥），早在十八歲時就以最年輕的划船代表選手身分，代表台灣參加二〇〇四年的雅典奧運，之後還參加了二〇〇八年北京奧運、二〇一二年倫敦奧運，能夠三次站上奧運舞台，汪明輝做夢都會笑。

現齡三十七歲的汪明輝，回想當時因為哥哥過世，除了要一肩扛起全家生計，還要苦練划船，在不被看好，沒有資源、沒有防護員、甚至沒有教練的艱苦訓練下，一邊指導學弟妹，一邊自己苦練。

「如果沒有划船，我可能就跟著父親做工，或是當職業軍人吧！」二〇一〇年十一月十九號是汪明輝生命的轉捩點，廣州亞運划船賽男子兩千公尺單人雙槳比賽中，在沒有鎂光燈關注，大家都不看好的情況下，划出七分〇七秒三三的好成績，奪得銀牌，也是台灣男子划船隊史上第一面亞運單人項目的銀牌，汪明輝說：「感謝家人給我時間嘗試挑戰亞運，我就是想要賭一口氣，我想告訴大家，我們划船選手是做得到的。」

拿下了兩面亞運銀牌，全運會九連霸，也是奧運元老級的選手，能夠創造這樣的戰績，汪明輝到底哪來這麼強大的精神力量，支撐他走到現在？汪明輝輕描淡寫的說：「我就只是堅信一句話：我可以輸，但我絕不接受自己放棄。我就是一直堅信一件事，然後去實踐自己所相信事情的人。」汪明輝堅持划船十九年，住在划船訓練基地的旁邊，每天清晨起床規律的鍛鍊，他最終的目標希望可以推廣划船運動讓更多人認識，也希望這樣的技術跟經驗可以傳承給更多台灣的年輕選手。訓練的過程累歸累，但是汪明輝從不輕易放棄，因為關鍵根本不是累不累，而是累得有沒有價值，這是汪明輝意志力的完美展現。

該如何提高自我控制能力？培養意志力呢？

文藝復興時期的法國作家蒙田曾經說過：「真正的自由，是在所有時候都能夠控制自己。」也就是我們常聽到「有自律才有自由」這句話的來源。

生活中常常有這樣的情況，朋友約你晚上去狂歡，但是你還有寫作進度還沒完成；健身教練叮囑你要控制飲食，但是今晚朋友生日聚餐吃的卻是燒烤跟提拉米蘇。這時候的你該怎麼辦？面對誘惑，如果誘惑戰勝了自制能力，那人們就會稱為「及時行樂」；相反的，如果是自制力戰勝了誘惑，那我們就會稱為「延遲滿足」。

對於像是學習、減肥的長期目標來說，狂歡、美食都是短期的誘惑，這是一場「長期目標」跟「短期誘惑」的拔河比賽，大部分人在巨大的誘惑面前，總是屈服於衝動，就算是理性的你，明明知道該怎麼選擇，但是卻沒有動力做到，這樣的情況下，該如何推動自己產生自控力做出正確的行動呢？

意志力養成三步驟

其實訓練控制自我的意志力是有公式的。只要能夠做到：第一，減少短期誘惑；第二，訓練自我控制；第三，強化長期目標。

❶減少短期誘惑：逐漸讓意志力控制它自己

想要開始鍛鍊能自我控制的意志力，首先要減少對於短期利益的誘惑，有兩個很簡單的方法可以減少短期誘惑，一個是「營造環境」、另一個是「降低難度」。

我自己個人在台灣剛爆發Covid-19疫情時，關在家中立志要把拖好久的書寫完（長遠的目標），但是在家裡有舒服的沙發、柔軟的床跟滿山滿谷的零食（短期的誘惑），讓我對於寫作提不起勁，該怎麼辦？

首先我要「營造環境」，除了打掃家裡，我還改變了家中的空間配置，將家中的工作空間區跟客廳隔開來，也把零食放到較遠的零食櫃，並且改造工作桌買了雙螢幕電腦提升工作效率；盡可能的遵循一個空間一個用途的規劃，讓沙發是用來放鬆、聊天、看書，餐桌拿來吃飯、畫畫，工作桌就是拿來寫作跟設計教材。

陳海賢在《了不起的我》一書中談到一個自我發展概念叫做「在身邊養一個場」，意思就是說，如果你想要達成某一件事，就讓你的環境中充斥著這一件事。想要好好運動，就把腳踏車放在家中最顯眼的地方，跑鞋放在最好拿的鞋櫃位置上，穿了就能出門運動，養一個專屬自己達成長遠目標的場域，一切無關的東西讓它消失，或是盡可能保持極簡，就能有效營造意志力養成的環境。

再來是「降低難度」，把寫一本書這件事情的難度切割開來，先規劃目錄後，著手開始撰寫每一篇的內容，但是寫作有時候還是會遇到瓶頸怎麼辦？這時候，我不會強迫自己寫完一章，而是會強迫自己先做到位置上，關閉所有的社群網站跟電腦上LINE的訊息動態，打開一個WORD檔案，寫下標題，再寫下一行一百字的內容，很神奇的是，每次只要我一開始工作了，後面的事情我就會想要寫完一篇文章，對於對抗拖延或是延長意志力的時間，相當有效。

你可能會說，只寫一百字，不就跟臉書上PO文一樣短短的嗎？這樣可以訓練到寫作？可以寫完一本書嗎？其實這個步驟的重點不是「完成」，而是「開始」，讓你興奮的想要開始，也覺得好像沒有很難，既然時間都花下去了，心中就會生出：「都順順的寫到這裡了，我就把它完成吧！」的心態，自主控制意志力，讓你完成任務。汪明輝教練之所以能夠堅持十九年，是因為他就讓自己住在划船訓練站裡面，除了每天清晨要帶隊，自己也就跟著練，他養出一個划船的場域，才因此催生出他如此強大的內心。

❷訓練自我控制：了解自己生命中的重要性排序，延遲滿足

除了「營造環境」跟「降低難度」讓自己減少短期的誘惑外，長期來說，還是要有自我控制的訓練，怎麼訓練自我控制呢？自我控制其實就是對於短期誘惑的延遲滿足，想要做到延遲滿足，最簡單的做法就是改變順序，轉移注意力。

先說說延遲滿足，史丹佛大學有個著名的「棉花糖實驗」：讓孩子們獨自呆在房間裡，面對一塊棉花糖。這些孩子們被告知，如果十五分鐘內忍住不吃掉棉花糖，就會得到兩塊棉花糖作為獎勵。在這個實驗中，有三分之一的孩子沒有吃掉棉花糖。實驗後來跟踪研究這些孩子的成長，他們發現，沒吃掉棉花糖的孩子適應性

強、具有冒險精神，受人歡迎，比較自信且獨立，甚至連學習成績都比吃掉棉花糖的孩子高二十分。而那些吃掉棉花糖的孩子，固執，孤僻，容易受挫，有優柔寡斷的傾向，當中有不少人受到毒品、酗酒、肥胖等問題的困擾。

一塊棉花糖能影響人的一生嗎？其實不是。影響人一生的，是延遲滿足的能力。那面對誘惑該如何延遲滿足呢？改變順序就可以了。很想上社群網站但是又必須要寫作，那就先寫作再上社群網站，改變順序就可以延遲滿足，這確實需要訓練。請特別注意，自我控制不是要壓抑你的慾望去符合大眾的標準，而是要了解你自己生命中的目標與重要性排序，用延遲滿足的方式讓自己得到那些更重要的東西。

村上春樹在《我的職業是小說家》一書中也提到自控能力的概念，他說：「當自我控制變成一種本能的習慣，你就會享受到它的快樂。」相反的，在茨威格《斷頭王后》中則說：「你曾經偷過的懶，未來生活都會給你打臉。」講的正是缺乏自我控制，無法延遲享受所要付出的代價。

❸強化長期目標：視覺化你的長期目標，讓他隨處可見

台灣第一位美國NCAA一級划船隊選手林稟恩（Andy），體重七十二・五公斤，一百八十二公分的林稟恩，卻是NCAA隊伍八個人當中最矮、最輕、最瘦小的亞洲人。他告訴自己：「我划船不是划最快的，但如果要比誰坐得久，我要當耐力最好的。所以我會盯自己每天要突破、要更好，就跟他拚了！」他的長期目標就是要成為台灣第一人，每天睜開眼睛就是瘋狂訓練，要用體育績優生從喬治華盛頓大學（GW）商學院畢業，最終林稟恩也如願達成，並且成為運動產業的經紀人。

運動員是一群很擅長將長期目標轉換為意志力的一群人，像是奧運的金牌或是賽事的成績都是具體的長期目標，但是，目標就是目標，要怎麼強化它呢？視覺化讓你反覆看到是最常使用的方法。把目標成績貼在書桌前砥礪自己要達到這樣的成績目標，把美女的照片貼在冰箱上，每次打開冰箱要吃甜食就會注意到自己離減肥的目標還有多遠。在《驚人習慣力》一書中提到更視覺化的方式，是在房間貼張大月曆，當你今天完成目標的任務，就在月曆上畫個大叉叉，我自己的寫作進度就是

這樣逼出來的，這就是「月曆策略」。

擁有意志力的人終會收穫成功，如果還不是，那表示你還沒走到最後

自我控制的意志力，是一種抵禦外界的感性、短期誘惑，堅定實現長期理性目標的能力。真正的自由，不是可以隨便做任何事情，而是在所有時刻都能控制好自己。大部分的人都習慣站在輕鬆的那一邊，短視近利，從股票進出、社群非理性的發言都可以看出人類短視近利的慣性，但是懂得暫停一下，用意志力思考自己的優先排序，減少短期誘惑，訓練自我控制，強化長期目標，你也可以贏在意志力。

意志力 TIPS

- 意志力就像肌肉一樣，可以被長期的鍛鍊所加強。
- 減少短期誘惑，營造環境，降低難度，逐漸讓意志力控制它自己。
- 訓練自我控制：了解自己生命中的重要性排序，延遲滿足。
- 強化長期目標：視覺化你的長期目標，讓它隨處可見。

12 意志力

能夠控制自己，才有真的自由

13

斜槓力
如何成為一位跨領域學習的運動員？

當你的才能還撐不起你的野心，就應該靜下心來學習；
當你的能力還駕馭不了你的目標時，
就應該沉住氣來歷練。
夢想，不是浮躁，而是沉澱和累積。

——莫言

前面我們講過自學，是透過自我的提問，或是自己提出問題後去向他人請教尋找：「哪裡有答案？」的學習方式；但還有另外一種「交換知識」的方式，叫做跨界學習。透過思考的整合，相互分享，知識的連線，最後達到跨界的學習，我們把這樣的學習叫作「斜槓」。除了尋找知識本身，還會問：「誰最有可能知道這個答案？我該提前準備些什麼才能跨出去？」

心態開放，與人連結，成為一位跨領域的體育人才

我身邊認識的許多優秀的體育人，他們生涯的後半段，都是利用跨領域學習創造出獨一無二價值，連結社會的人。像是內湖高工專任教練蔡瀚陞，曾經是二〇一四年亞運會、二〇一八年亞洲盃中華隊代表隊選手，也拿下過連續五屆全運會雙人艇項目金牌，現在的他不再只是追求運動成績，而是不斷的在嘗試運動員跟教練角色之外的可能性。划船超過十年的他，以「十年划一槳」的理念做為發想，創立了

個人品牌ZEROW，建立划船的品牌形象，他也當平面模特兒，到大學兼課，也接下校園運動員生涯規劃的大型講座，也是中華民國運動員生涯規劃發展協會的常務理事。

來自南台灣的屏東子弟梁澤敬（綽號小梁），現在是屏東縣立內埔國中的專任教練，是連續蟬聯十年台灣短跑的紀錄保持人（包辦了一百公尺、兩百公尺、四百公尺接力），但更特別的是，他除了是台灣最頂尖的運動員，一路從體育班念到北京運動科學的博士班，同時也是國際田徑研討會上的指定翻譯，還是亞洲標槍紀錄保持人鄭兆村的運動經紀人。透過專業加上興趣，小梁結合跑姿與動作分析研究，組織ZJ SPEED國手跑步教室，期望透過自己的研究、教學經驗，幫助下一代的田徑選手，能有更突破的觀念和表現。

小梁之所以是一位跨領域學習者，最明顯的特質就在於他的心態的開放與好奇。梁澤敬從小第一個接觸的運動不是田徑，而是舞蹈；在愛跳舞的媽媽跟姐姐的引導下，耳濡目染，小梁從國小就打下穩固的古典舞蹈與步態基礎，在接觸到田徑運動後，他的國小高年級到國中時期，就變成白天上課、下午訓練、晚上還要補習，這是小梁連續五年來的生活節奏。

二〇〇五年，小梁在全中運上，兩百公尺跟一百公尺雙破大會紀錄；教練們漸漸發現：「感覺小梁跑步的動作協調性真好。」這其實是受到舞蹈訓練基礎影響，在高速動作下，依然可以維持身體協調延展、不晃動。學校老師們也說：「小梁是少數課業跟運動比賽都兼顧的選手，每天早上他會先請同學幫他把昨天下午沒有上到的課程或是作業補上，接著才去練習。」

教練跟老師見證了小梁的成長不是偶然，就像是每個優秀的人，都有一段沉默的時光，那段時光，是付出了很多努力卻得不到結果的日子，小梁把它叫做扎根，他說：「沒有失敗過，就是還沒有成功。」扎根對他而言，其實就是成長的關鍵，小梁從來不會拿著過去的自己洋洋得意，而是更沉默，思考累積更大的可能性。一次偶然的國際研討會上，因為大會邀請的英翻中翻譯人員對於許多的田徑運動術語不甚了解，因此他臨危受命上台協助翻譯，意外得到大家的肯定，也因此陸續協助過二〇一七年台北世大運田徑技術代表祕書翻譯工作，提高他看世界的角度。

會選擇這樣忙碌的生活，還到海外的學校攻讀博士，小梁說：「就是為了跳脫舒適圈，出去看世界，像我去看大陸的訓練，他們一百公尺跑十秒初的選手太多了，學術很強的也太多，人就是要過著不舒適的生活來提升自己。」小梁所做的一切，對體育圈來說很獨特，他鼓勵運動員勇敢嘗試跨出去，他說：「一年所有的比賽共有兩百面金牌，如果你只是兩百面的其中之一，其實並不特出，該想想怎麼『Stand out』？但如果你有第二個專長或能力，協槓出去的特色就會讓你從此不一樣。」小梁用他親身走過的經歷分享他的斜槓跨領域經驗，「斜槓」不是漫無目的到處亂闖，而是有規劃、小步前進的生涯策略。

用斜槓打造個人品牌，背後是用專業撐出來的

經營斜槓的個人生涯，其實也有諸多好處。據說《新約聖經》的譯者詹姆斯．莫法特，不僅負責翻譯，手邊還得撰寫論文以及創作偵探小說。他把這三件工作分別放在三張桌子上，當一件工作做累了，他就移到另一張桌子，切換不同的工作，

放鬆大腦、避免思緒僵化，才能提升效率，被稱為「莫法特休息法」，也讓他幾乎同時完成三件重大的事情，斜槓出人生的新局。

多年前著名的冰島國家足球隊，總教練霍爾格利姆森是牙醫；擋下梅西進球的門將荷杜森是導演，曾執導冰島歐洲音樂大賽的ＭＶ和廣告，世足賽後退役會繼續當導演，而且要把終極目標鎖定在奧斯卡獎；中場選手吉斯拉森前年曾是冰島右翼「獨立黨」的候選人；後衛沙瓦森則是鹽廠工人，他們用斜槓的人生方式，讓有限的生命活出精采絢爛。

但要能成為斜槓，還是需要些條件，其中專業能力更是一切的基礎。小梁的所有專業建立在他對田徑運動的實戰經驗、科學研究跟人脈資源，蔡瀚陞教練的專業建立在划船運動訓練十年的基礎之上，兩個人都是先把一件事情站穩腳步，才逐漸累加跨出步伐，他們兩個都從獨立的體育專業領域，走出自己獨一無二的個人品牌ＩＰ。

這邊有兩個很重要的跨領域學習時你個人可能會遇到的詞彙，一個是ＩＰ，一個是品牌。ＩＰ是智慧財產權（Intellectual Property）的縮寫，個人ＩＰ就是個人對某種成果的占有權，也就是一切從你出發的故事跟價值觀。教練跟選手都是一種專業技能跟知識的工作者，但除了專業之外，能否將專業建立出一個高識別度的形象，擁有你自己的故事跟人格，就像是歌手有他們的聲音辨識度一樣，就算有人模仿，也無法複製的生命歷程跟個人故事。

而品牌（brand）在古挪威文中的意思是「烙印」的意思，古代人用這種方式來標記家畜等私有財產，到了中世紀封建時代，歐洲的手工藝業者用這種方法在自己的作品上烙上商標，以便識別跟購買，於是就有了「品牌」的現代意思。品牌就是別人把對於你的了解、信任與偏好，從產品之外提取出來，累積在這一個標誌中，省去多餘的交易成本，直接購買的過程。

三個方法，建立自己的個人品牌IP

該怎麼做才能夠降低別人選擇時的交易成本，打造自己專有獨有的個人品牌呢？建立自己的個人品牌過程中，別人看見的你，不再只是產品或服務，而是你透過品牌所傳遞的「價值觀」，以下有三個方法可以幫助你清晰傳達你的價值定位。

❶差異化

「我的東西跟別人不一樣」，要做到這件事情，跨領域其實是很重要的關鍵。你很愛旅遊，去過很多國家，同時又對咖啡很有研究，也想分享咖啡文化，結合在一起「環遊世界的咖啡師」就會變成你的差異定位。

我自己個人也比較像是差異化的個人定位，全台灣當過廣播節目主持人，能寫專欄又能夠教心智圖，同時專攻運動員生涯規劃的人，就是曾荃鈺，這種將「媒體傳播」、「體育教育」、「心智圖法」同時產生交集的人這世界上只有我一個人，我用這交集找到自己不可取代的位置，就叫作差異化。

❷個性化

這個ＩＰ的價值比較感性，富有情感跟故事性，也很容易創造出個人的ＩＰ。

像是籃球國手謝昀庭，從運動跨領域走到藝術流動畫創作，不但辦理個人展覽，還將她的個人故事跟創作過程無私分享在網路上，短短一年累積了七十五篇文章，Dcard粉絲將近一萬，課程邀約也從拆帳合作變成企業內訓，作品更被餐廳、藝術家、企業名人購買收藏。

另外一個個性故事ＩＰ是全身刺青的健身房老闆館長。館長給人的是一種努力辛苦，從庶民爬起來的台灣草根韌性，他因為軍中不公平待遇而自願退役，退役後又混過黑道，人生起起伏伏直到四十歲開了健身房才穩定。他的經歷跟呈現出來的個性就是有很鮮明的個人個性。

❸分眾化

網路世代每天都被巨量的訊息淹沒，因此大家更關注的就是不同使用者的輪廓跟需求，建立起分眾化的經營模式。像是運動Podcast中的以運動創業家跟經營為主的「小卓一下」，運動員生命歷程與生涯故事為主的「空中荃運會」，以及運動時事評論聊天的「耕我閒聊」，都是以主持人自身的個性特質，做不同的分眾主題訪談，吸引的客群、年齡層自然就不同，另外由關鍵評論網集團中的「運動視界」經營的Podcast「運動視界啪」，就是以運動視界的作者、運動教練或選手上節目分享最近事件跟個人故事，是運動視界的延伸，試圖用主題的方式留住讀者聽眾。

除了年齡跟主題可以分眾，性別也可以分眾。在攝影界，以不拍正妹專拍猛男，且擁有三十萬粉絲人氣的「深夜名堂」，就是由斜槓攝影師張晏廷所創立，幫許多的男明星跟運動員拍攝運動跟寫真照片，建立起他獨特的分眾，也打破只能拍正妹才有市場的攝影界既定印象，從此打響知名度。

品牌其實就像是價值的揚聲器，把你的主張、願景自動篩選說給你的對象聽。當你有價值，就不會用低價跟人比價格，當你有品牌，別人就會主動將機會與資源送上門，因為希望能跟你一起放大，一起走向未來。而為了要維持品牌，你必須要長時間的堅持準時、品質、誠信等價值，每一分，每一秒的積累，才能創造出來你的品牌信賴。個人品牌，是先有個人，才有品牌，個人品牌就是你這個人生涯的全部，優點與缺點都塑造出現在的自己，只有夠認識自己，不隨波逐流，才有可能打造專屬於你的個人品牌。

斜槓力 TIPS

- 自學是自我提問的精進，協槓則是跨領域交換知識，在連線中學習。
- 跨領域學習者的特質是心態的開放與好奇。
- 成為協槓的優點可以同時打造跨領域的成就，讓有限的生命活出無限精采。
- 勇敢走出不一樣，建立個人品牌ＩＰ，背後其實都是專業撐出來的。
- 善用差異化、個性化、分眾化三的方法，建立自己個人品牌的獨特價值觀。

Part 3

超越運動場 After Sport

轉換實踐

14

組合力

與其更好，不如不同

多數人總是該放棄不放棄，該堅持不堅持，
導致一生庸庸碌碌……
認清死巷，積小勝成大勝，
在特定領域，成為世界第一等人。

——賽斯．高汀《低谷》

生涯的無限延伸，其實都是從排列組合開始的

很多運動員談到生涯跟未來，常常會問：學體育或是當運動員未來的出路有哪些？除了當老師、教練、裁判外，還有沒有其他選項？若想轉換跑道又該怎麼開始準備？「會覺得學體育未來的生涯沒得選擇，關鍵在於知道的選項跟職業不夠多。」拿起筆畫一個十字（如下圖），判斷自己比較喜歡從事跟人有關的職業？還是傾向處理事情的自我實現取向？未來職業是希望充滿冒險挑戰？還是追求穩定踏實？了解自己後，

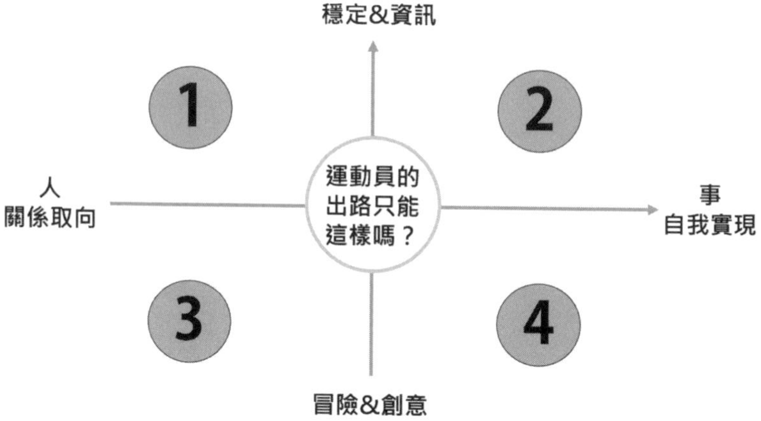

職業選項也會一個個冒出來。從人、事、定、創四個角度，綜合整理出四大類運動產業選項，分列如下：

1. **定＋人的運動產業：**

包含運動科學研究助理、日照／長照中心運動指導員、運動賽會行政人員、運動慈善NPO／NGO、運動專案執行人員、體育場館管理、運動按摩師等。

2. **定＋事的運動產業：**

包含運動醫療器材研發、運動賽事轉播技師、運動用品維修、電視球評、賽道丈量員、運動賽事行銷規劃、運動禁藥採樣員等。

3. **創＋人的運動產業：**

包含戰術分析師、運動品牌公司職員、球團經理、數據分析員、情蒐人員、贊助商／重要關係人管理、球探、技術教練、體育大學教授／學者等。

4. **創＋事的運動產業：**

包含接案幼兒體能老師、大型健身器材銷售員、休閒運動帶領員（登山員、溯溪教練、攀岩教練等）、運動賽事經紀人、運動傷害防護員、運動營養師、運動公關、運動行銷代言人、運動律師等。

除了以上八十餘種運動相關職業，其實沒有任何職業規定運動員不能做，學體育的未來充滿著無限的可能。但是除了運動員的出路跟角色的選擇外，人生中的定位我可以怎麼組合呢？

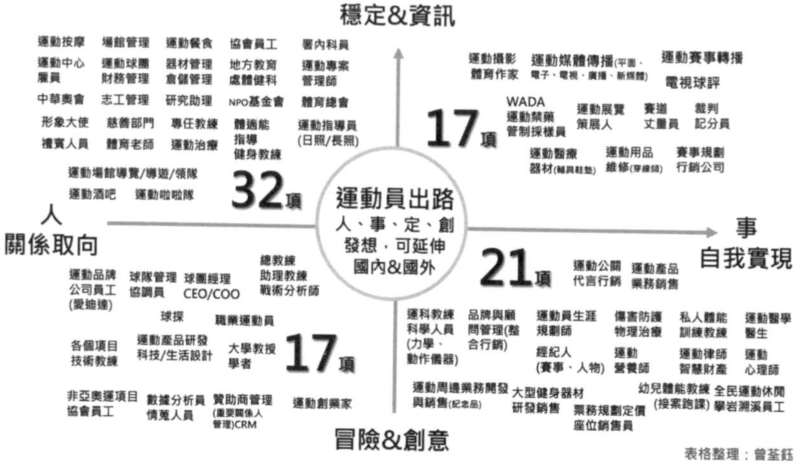

表格整理：曾荃鈺

我能做，我想做的事很多，該怎麼找到最適合自己的生涯定位？

談到定位，先問你兩個問題，第一個登上月球的人是誰？大部分的人都知道是尼爾．阿姆斯壯。那第二位呢？很多人可能都不知道，是伯茲．艾德林。全球最高的山峰是哪一座？大家可能都知道是珠穆朗瑪峰。那第二高呢？應該很多人就不知道了，是喬戈里峰。第三高呢？可能根本沒有人聽過，是干城章嘉峰。

大多數的人只會記住第一名，最多是第二名，為什麼會這樣？這狀況不是人們大小眼，而是人類的心智模式中大腦的心靈占有率（mind share）偏向第一名，也就是占據了閱聽者心中的「品類第一」後，空間就不夠了，這就是為什麼，美國行銷戰略專家傑克．屈特說：「如果想讓別人記住你，當你不能夠成為某品類的第一名，那你就要去開創一個新的品類，成為唯一。」

像是旅遊中知名的非洲第一高峰——吉力馬札羅山，海拔只有五千八百九十八公尺，比起八千公尺高的前三名高峰根本不能比，怎麼辦呢？聰明的非洲人就在登山界開創了一個新的品類——「人類徒步可以登頂的最高山」，也就是說，很多山很高，但都要借助纜繩、冰斧、懸梯等才能登頂，而靠雙腳就能登頂上去的最高山峰中，吉力馬札羅山是最高的。這個定位，一下子為吉力馬札羅山帶來話題，來挑戰的人數暴增，也因此讓導遊跟旅行社荷包滿滿。

重新建立一個遊戲規則，你就是主角，讓自己成為某個領域的第一名

「不能成為第一，那就創造一個新的品類，成為唯一。」美國行銷專家屈特在一九七二年提出的這個觀念，就叫做定位（positioning）。定位理論在商業上就是占據市場的占有率，在消費者心中有一席之地，而用在生涯規劃上，就是自我定位的生涯思考。

無獨有偶，二〇一八年曾有一張日本人在談論「人生意義圖」Ikigai時，其實就是找出自己的生涯定位，成為獨一無二。Ikigai 的意思是The reason for living.（生

之意義），可以解釋為你活著的目的或是你每天早晨起床的理由。它從四個問題來協助我們，分別是：

1. 什麼是你享受的事？

對很多人來說，就就是能夠讓你樂在其中的事，對我個人來說是畫畫、訪談、寫作、與人連結溝通，此外當然還有很多是關於個人嗜好的事，像是看電影、旅行等。

2. 什麼是你擅長的事？

擅長就是你做的好而且有好結果的事情。我最擅長的是視覺化溝通與運動員諮詢，尤其是生涯規劃方面的諮詢，而精算數字跟與人斡旋談判，是我不擅長的事情，我就要找人合作或是委託其他人協助。明白自己的擅長與不擅長，是完成Ikigai前重要的思考。

3. 什麼是世界需要的事？

二〇三〇年希望達成的聯合國永續發展目標SDGs中列出了十七個目標共一

百六十九個項目，是全人類需要共同前進並且努力的目標，也聯合國分析這世界的需要。很多時候人生除了工作，也更應該要看看別人，想想自己，看看自己，想想別人，在對照中探究，並且發現什麼是世界真正需要的事情，我們的生命也可以在付出中找到更多的意義。

4. 什麼是別人會付錢請你做的事？

這很白話，就是別人會用金錢來計算你的專業價值，例如我在做的運動員的生涯規劃與商業思維訓練，運動員的口語表達課程培訓，企業內訓的心智圖法培訓課程，或是體育運動諮詢顧問服務等等，都是有人付錢請我做的事情。

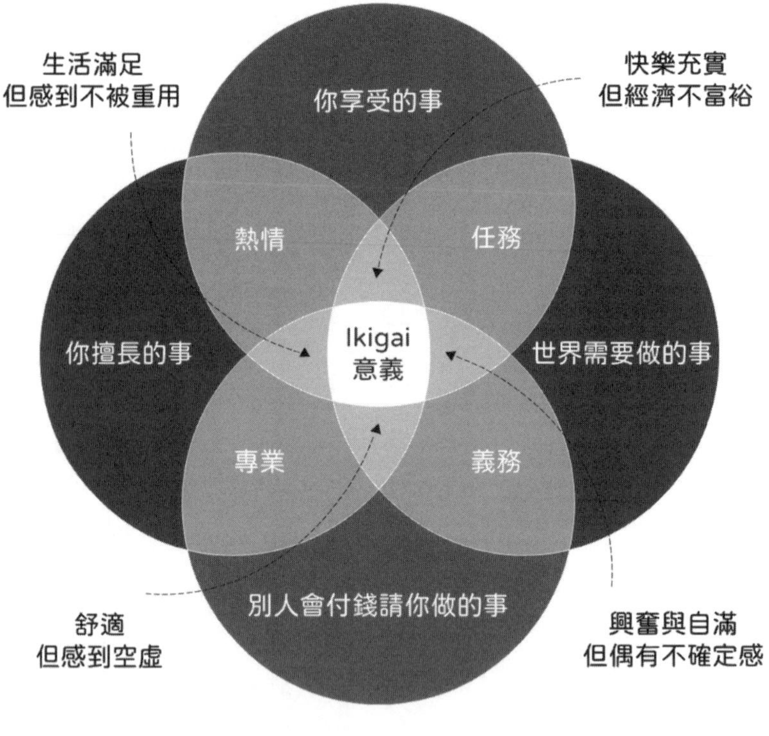
生活滿足
但感到不被重用
快樂充實
但經濟不富裕
你享受的事
熱情
任務
你擅長的事
Ikigai
意義
世界需要做的事
專業
義務
別人會付錢請你做的事
舒適
但感到空虛
興奮與自滿
但偶有不確定感

生涯定位：在交集中找出自己的獨特性

現在，試著在Ikigai上找到自己重疊的項目，然後寫下你的想法：

1. 你享受的事＋世界需要的事＝任務使命

義工、非營利，都是屬於這個範圍，如果你對環境保育、社會公益感興趣，這些事同時是社會需要、又符合你的興趣，所以它會變成你的「使命」。完成使命能使你感到相對的滿足，因為有一部分那是你享受做的事，缺點是經濟上可能無法支撐自己。成立運動員生涯規劃發展協會就是我的任務使命，幫助運動員思考生涯，陪伴他們一起成長，是我自己很享受，運動員也需要的事。

2. 世界需要的事＋別人會付錢請你做的事＝義務或職業志向

你可以想成醫生或老師，都是屬於這樣的類型，如果本身並沒有享受該職業、享受教書或救人，那它便會像是履行義務，與使命的感覺稍有不同。除非本身有喜歡做這些事，不然只會像是在進行責任與義務，它能讓你活得下去、也能回饋社會，但可能會對自己渴望的人生產生迷惘。對我來說在大學教書或演講就是屬於這一塊，但很幸運的，我在體育大學教書，因此又符合我喜歡體育跟幫助運動員的點，因此做起來就比較不會覺得空虛不確定。

3. 別人會付錢請你做的事＋你擅長的事＝專業強項

也許你是一位業務、記者、司機……這些都是因為時間累積而成為你的專業，別人也會付錢給你買的一種服務，如果它不是一個世界需要的事（如假新聞）或不是你享受做的事（製造假新聞），儘管有專業又賺得了錢，也可能會對你的內心產生遲疑。我個人很幸運，專欄寫作、出版書籍、在hahow線上課程平台上開設《圖解表達力》課程、寒暑假辦理心智圖法營隊教學等，都是別人願意付錢給我完成我所擅長的事，我也希望這些專業可以對社會跟我所在乎的人有所貢獻，這就是我的專業強項。

4. **你擅長的事＋你享受的事＝熱情動力**

桌遊、登山、潛水，其實很多嗜好都可以是你的「熱情」，不過，它不一定是個社會需要或別人會付錢的事，因此，雖然能帶給你快樂與滿足，但可能無法在經濟上支持自己，也難以找到需要你提供這些熱情的人，甚至覺得不被重用或不被需要。我個人最喜歡的運動其實是角力跟羽毛球，出社會後玩鐵人三項、攀岩或是野外露營，我是一個擅長操作工具的人，因此這些運動雖然都需要些成本，但我也享受其中，充滿源源不絕的熱情。

在交集中找交集，找到自己人生的意義

寫下上面四個項目中，各自有哪些自己熱愛的事情，**尋找交集中的交集點**，那重疊最多的領域、技能或是類別，或許就是你生命的意義所在，對我而言「運動員的培訓」是我所有事物的交集點，也是我未來會持續投入的領域。在尋找自己的

Ikigai 時，利用你擅長的方式去闡述你認為世界需要的事，而每個人在意的事也不盡相同，有些人特別重視海洋保育、勞工議題，不論是透過演講、攝影或是繪畫甚至是音樂創作，找到你認為最好且最上手的方式去詮釋它。找到自己有多方重疊的項目，並且尋找那可以讓自己有長期滿足跟意義感的事情，你才會感受到生命的價值與意義。

你可能無法一時之間完成這個表格，它的確需要花時間反覆思考，如果你實在不知道要寫什麼，或找不到共通點，有可能是你嘗試的選項還不夠多，或是你過度美化自己的能力，認為很會聊天跟不賴床都是很厲害的技能，因此找不出交集點；建議你，這時候可以試著想想看身邊的人會來問你什麼問題？你的朋友們常誇讚你什麼？留心別人時常讚美你的地方，或許就是你可以嘗試看看的領域唷。

最後，日本腦科學家茂木健一郎教授曾提出了達成 Ikigai的五 大要訣：

1. 從小細節開始學習與專注
2. 釋放真實的自我

3. 達到和諧的生活與可持續發展的興趣
4. 熱愛所有大小事
5. 活在當下

找不到你的 Ikigai，試試用這五點觀察生活周遭的線索，也許你還很年輕，或者你嘗試的事還不夠多，多去戶外走走，多試試些以前沒做過的事，你的 Ikigai 是需要透過開發和摸索才能逐漸找到，請務必提醒自己：「與其更好，不如不同。」現在就用下面的練習表格，開始你的第一張Ikigai吧！

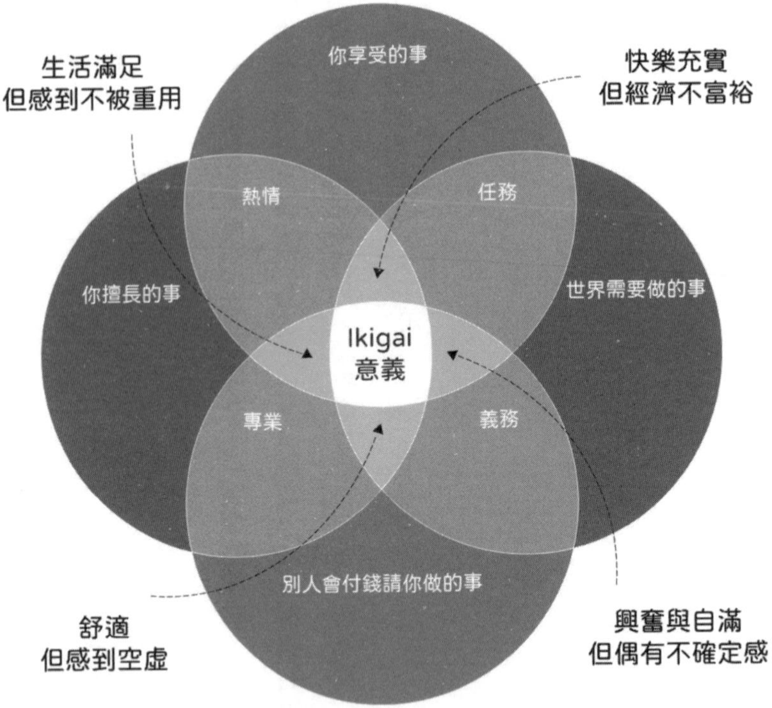
生活滿足
但感到不被重用
快樂充實
但經濟不富裕
你享受的事
熱情
任務
你擅長的事
世界需要做的事
Ikigai
意義
專業
義務
別人會付錢請你做的事
舒適
但感到空虛
興奮與自滿
但偶有不確定感

組合力 TIPS

- 人的價值就來自於你天賦跟優勢的排列組合。
- 組合力，就是要讓你重新建立一個遊戲規則，你就是主角，讓自己成為某個領域的第一名。
- 用日本的「人生意義圖」Ikigai，組合出自己的人生的價值意義。
- 你享受的事＋世界需要的事＋別人會付錢請你做的事＋你擅長的事＝我人生的意義。
- 找到自己有多方重疊的項目，或是試著從認識自己，觀察生活周遭的小細節開始，找到自己人生的意義。

15

影響力
超越身體之外，仍能照顧到他人的能力

人的價值就像果子一樣有它的季節。

——法國作家，法蘭索瓦·德·拉羅希福可

影響力，是在你的腳趾頭與手指尖無法觸及之處，卻能影響他人產生行動或改變的能力。一個人要能夠發揮影響力的方法，我一直覺得只有兩種，一是以身作則，二是影響力溝通。在運動員場上的運動員確實是影響力的模範之一，優秀運動員做得最好的就是以身作則，從他與對手比賽的氣度、運動場上光榮的勝利以及不卑不亢的精神，這也就是為什麼，我在生涯規劃教育中會想優先提升選手的口語表達能力，因為運動員的好表現再加上好的溝通表達，確實能有效提升影響力。就我個人曾經陪伴過也訓練過上台表達的運動員，世界舉重冠軍郭婞淳是個很好的例子。

舉重世界冠軍郭婞淳：「人生不只要贏得比賽，而是要跟別人一起完賽。」

你對舉重運動的印象是什麼？一個從地板到舉過頭頂只有兩百五十公分的運動，每天吃力的「舉鐵」鍛鍊，把自己練得粗壯，男生可能還能接受，但你知道在

選手範例

成長經驗造就生命韌性，迎向生命高峰

郭婞淳的生命溫度計

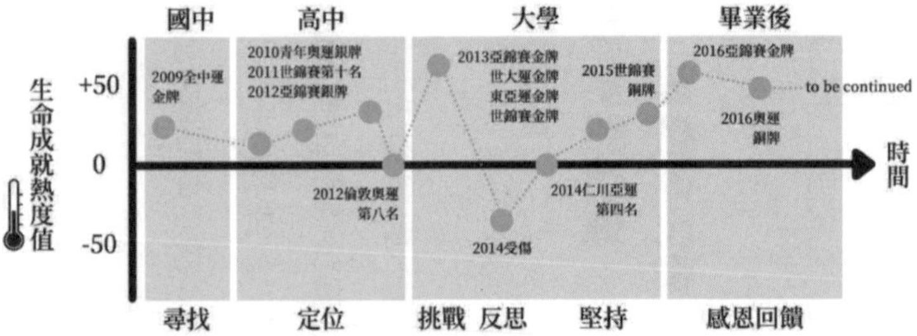

二〇二一年的東京奧運，台灣女子五十九公斤級的代表選手「舉重女神」郭婞淳，是第三度踏上奧運舞台，她也正努力顛覆大眾對女子舉重運動的刻板印象。

五官立體，笑容靦腆，現齡二十八歲的郭婞淳，在二〇二一年四月舉辦的亞洲舉重錦標賽，郭婞淳已展現出奧運金牌的實力，在女子五十九公斤級的賽場上，以抓舉一百一十公斤、挺舉一百三十七公斤、總和兩百四十七公斤，拿下三面金牌，同時抓舉和總和雙破世界紀錄。過去在世錦賽、亞錦賽、世大運、亞運等各大國際賽皆拿過金牌，也在二〇一六年里約奧運拿下銅牌的她，終於在二〇二一年打破奧運紀錄拿下東京奧運金牌，以世界第一之姿寫下她的「金牌大滿貫」紀錄。

所有生涯的高峰，都是從低谷慢慢爬起來的

「我在十三歲時接觸舉重，但當時的我覺得舉重的女生會變得很矮、很壯、手臂很粗，舉重時臉部表情會很醜，那時候真的很討厭。直到國三那年意外贏得第一面全中運金牌，我才開始覺得，或許對於舉重，我真的有一些天分。」

郭婞淳高一時參加新加坡青年奧運會就拿下銀牌，未滿十九歲就挑戰二〇一二年倫敦奧運以第八名作收，二〇一三年奪得世大運、亞錦賽、世錦賽、東亞運四大國際賽金牌，還獲頒體育界最高榮譽運動菁英獎最佳女運動員，二十五歲前就挑戰過舉重的七大賽事，人生像是開了外掛，登上手扶梯一路扶搖直上。不過二〇一四年五月十二日，上天像是跟她開了一個大玩笑，在備戰仁川亞運練習時的一場意外，猶如一台一二五機車重量的訓練槓鈴重重的壓在郭婞淳的右大腿上，造成股外

側肌肉七十％撕裂傷。

「這個傷沒有擊倒她，反而讓她更勇敢，那種重新站起來的勇氣，讓她變得更強。」負責治療郭婞淳的高雄長庚醫院骨科部長兼運動醫學系主任周文毅如此說，手術成功後，郭婞淳積極復健四個月的時間又讓她站上亞運舞台，拿下第四名，郭婞淳回憶起這段說：「其實在復健的過程中幾乎崩潰，我很心急，腿不能動我就在病床上鍛練上半身，但防護員提醒我，『不要急，慢慢來，比較快』，既然我自己選擇了舉重這條路，把它走好走完也是我自己的選擇。相信所有的挫折，都是上天最好的安排。」或許這個傷就真的像她的名字一樣，能夠「倖存」下來，勢必有更大的使命讓她扛。

「受傷的那一剎那，我想到的其實不是我的腳有多痛，而是四個月後的亞運比賽該怎麼辦？」郭婞淳現在說起這段過往，心情已不再起波瀾，但仍然能感受到她對自己賽事訓練的急切與渴望。二〇一五年備戰世界錦標賽時，面臨重大受傷後第一場最大型的比賽，她害怕了。

「當時的我，完全無法舉起原本可以輕鬆舉起來的重量，只要重量加到九十五

曾經走過受傷與挫折，郭婞淳對身邊的人更心懷感恩。（郭婞淳提供）

公斤以上，我就不敢做動作，我竟然開始害怕重量，這對舉重選手來說是最忌諱的心理致命傷。」郭婞淳形容當時的心情幾乎崩潰，但好在教練跟隊友的鼓勵與陪伴，教練調整訓練方法，陪著她慢慢克服，把重量一公斤、一公斤的加上去，花了幾個月的時間，才終於超越了一百公斤。

「當時一個項目練了四十八組才把它抓起來，三下為一組，下午兩點半練到晚上九點，中間只有補充香蕉，有時候還練到晚上十二點才吃午餐，是教練跟隊友陪我度過這段最黑暗的時期。」郭婞淳心懷感謝，她深知每個看似不可思議的重量被舉起時的歡呼，背後是榎鈴數千次撞擊落下的聲音，如同每個光鮮亮麗的成功，都是從黯淡無光的失敗中掙扎出來的。

為他人付出，連結社會，才會更珍惜自己擁有的，真正發揮運動員的影響力

傷癒復出後，天性善良的郭婞淳，更想要趁有能力時，及時行善，幫助別人。她原本想低調把過去存的獎金，捐贈一台救護車給自己當年出生的宜蘭縣羅東聖母醫院，感謝出生時醫護人員悉心照料，才能讓那時體重過輕又有臍帶繞頸的她順利活下來。但當時聖母醫院救護車還在使用年限，輾轉捐給同屬天主教靈醫會的澎湖馬公惠民醫院，添購價值新台幣一百五十萬元的救護車給離島澎湖使用。這起低調行善，直到救護車開始在澎湖執勤，因為車上印有「天主教輔仁大學舉重隊郭婞淳捐贈」，才被媒體發現。

至於為什麼是救護車？郭婞淳說：「被榎鈴壓傷時躺在那，最渴望的就是聽到救

重視運動場外的影響力，郭婞淳在協會的成立大會上感性分享自己的生涯故事。（中華民國運動員生涯規劃發展協會提供）

護車的聲音，我理解那種急切的心情，這個傷讓我學會感恩，懂得感恩的人能獲得最大的能量。至於感恩最好的方式就是回饋，所以我想靠自己的能力回饋社會，幫助更多人。」除了捐救護車，她每年固定回饋母校台東體中舉重隊十萬元獎助金。

經歷過受傷的洗禮，跟里約奧運的鎩羽而歸，阿美族又是射手座的郭婞淳，個性樂觀且正向，沉澱過後更珍惜手上擁有的機會，教練林敬能看著郭婞淳成長，陪伴在一旁十年深深理解這一路辛苦，「因為她曾經失去過，所以更珍惜未來的每個機會。」郭婞淳之後在二○一七年台北世大運將金牌留在台灣，二○一八年亞運會摘金，二○一九年第三度獲得年度最佳女運動員獎，她希望用自己的能力讓國人凝聚，一同重視台灣體育。

郭婞淳從失敗的地方一次又一次的站起來，跟舉重運動一樣，就是要一次又一次超越自己重量的極限。郭婞淳教會我們，舉重運動要成功，是成功到失敗為止，只有逼自己不斷突破自己的重量極限，才有成功的可能。運動員是天生的領導者，原因在於他們身上的影響力運用，但是這種影響力有兩個關鍵的發動條件，一是她必須珍惜她的身分形象，成為人們眼中的榜樣，因為運動員在經營的是信任資產，只有不斷取得社會對運動員的認同度，影響力才能發揮出來；二就是口語表達技巧，運動員要發揮影響力，必須要學習站上舞台，拿起麥克風說出自己的故事，為什麼運動員給人一種木訥不善言辭的感覺，因為台灣的運動選手很缺乏口語表達的訓練，但在對的時間點做一場短而有力道的演講，將可以發揮超越十倍到百倍的影響力。

如何成為一位有影響力的運動員？

這世界上，有名跟得牌的選手很多，但是能夠被人記得且發揮影響力的卻不多，因為影響力不僅僅跟賽事成績有關，也跟你關心多少人有關。「要如何把運動場上的精神帶到社會、創造長遠的價值？」這個問題，是所有運動員終究要面對自我的反思。運動哲學家蘭道夫．費澤爾（Randolph Feezell）也提過類似的疑問：「明星運動員或奧運國手退役後都可以當典範嗎？」「明星運動員或奧運國手是否應具有特殊的責任（社會或道德責任）才能成為典範？」

古今中外著名的運動員，像是重量級拳王穆罕默德．阿里，除了蝴蝶步伐跟拿下二十二次重量級拳王腰帶之外，拳擊台外更是位反種族歧視、慈善事業的推廣者；傳奇四十二號傑基．羅賓森（Jackie Robinson）是美國職棒大聯盟布魯克林道奇隊成員，更是在種族歧視下第一位站上大聯盟的黑人球員，他用實力打破種族歧視，成為美國歷史上黑人平權的重要推手。這些運動員能夠發揮世界級的影響力而非只在他的單一項目上為人稱頌，除了他完美詮釋了他生存年代下的精神之外，更重要的就是他們為超越運動場外的人，履行照顧跟付出。

二〇一六年世界奧運人協會組織（World Olympians Association, WOA）成立，提出終身奧運人成就獎的獲獎條件，描述典範運動員很是到位，他們認為：身為一位奧運人，並不表示比賽結束，就脫離了這個身分，因為這是一項終身的標籤……我們頒發這個終身成就獎項，最大的亮點在於標榜全世界各地，還有許多奧運人正在發揮影響力，讓這個世界變得更好。表示這些獲獎人並不僅僅是典範運動員而已，也應該是社會中的典範。

在運動場上所扮演的任何角色，只是我們人生生涯角色的一部分而已，因此典範應該是用她的一生所扮演的角色來判斷；而運動員若是社會上有影響力的存在，那她在運動場外的言行舉止是否應該對社會負起道德上的責任呢？前世界環法自行車手蘭斯．阿姆斯壯（Lance Armstrong）是七屆環法自行車冠軍，並且透過媒體塑造出克服逆境的抗癌鬥士形象，而事實上，他的確是在自行車比賽上挑戰逆境，持續超越，有運動訓練上的典範精神，但最後被發現是使用禁藥，欺騙社會跟媒體大眾，以這種不誠實的禁藥醜聞來說，卻又是不符合道德典範的行為。

或許我們無法也不應該要求或是強加「道德與社會責任」在運動員身上，畢竟典範必須展現適當的行為，讓一個人或一群人具有效法的作用，最重要的是，需要是一種自我要求的作為；但是，做個好人，成為一個更好的自己，應該是每個人當極力追求的。換句話說，運動本身不應該獨立於社會之外，創造一套新的標準，運動員也應該要誠實與其他人互助合作，成為相互依存的個體。如果將這個觀點放在運動中，用如何扮演好一個「好人」的角度來看待何謂「好運動員」，美國道德心理學者Shields與Bredemeier（1995）曾提出三個成為「好運動員」的建議給運動員們：

1. 認知自己的影響力：

運動員的言行會被更多人關注放大檢視，好的壞的都會。試著用自身影響力做對社會正向積極的事（可以是宣導、公益或是事務推動），維持好的形象與聲譽，對於打造和平及美好的社會做出貢獻。

2. 反思「公平競爭」（fair play）：

fair play的哲學意涵，不僅適用在運動場內的禁藥公平或是比賽公平原理，這樣的道德理念最終應該要能內化到自己未來的言行舉止中。社會當然會對於名人、運動員有較高的道德評價，但運動員確實也享受光環跟掌聲，認清這件事情，並且在除了運動以外的生活中實踐正義並對自己的行為負起完全的責任，當出現爭議，被挑戰時，選手自己必須學會負起完全的責任，而非把責任怪罪教練、裁判、行政人員。運動員應該要相信自己是可以承擔責任，並且可以為自己的所有行為承擔的個體。

3. 擁有堅定的信念與價值觀：

這邊我想要加上一句，改成：「拿起麥克風，堅定的說出你的信念與價值觀。」更為恰當。在現在這個世代，每個人都有機會發揮影響力，但影響力要能夠被聽見看見，靠的就是口語表達的能力，當運動員以身作則，並且行出好表現，這時若能夠再加上好的口語表達能力，典範的影響力將會持續擴大。

郭婞淳得獎致詞影片：「我不清楚台灣需要什麼，但我知道台灣需要我們做些什麼。」（影片）

競技運動員大多都在二十五至三十五歲間就退役，比起一般人在職場可能六十到七十歲才是退休的年齡，這中間的時間差距、經驗累積與個性成熟度的差異是很大的，運動員往往必須提早面臨人生階段的轉換，這時候往往會心急，但請切記，你還年輕，只要能夠時常思考：「要如何把運動場上的精神帶到社會、創造長遠的價值？」你就會發現這世界之大，還有好多你可以累積跟創造的地方，善用運動員既有的專業與優勢，透過口語表達與堅定的信念，持續擴展你的影響力吧。

影響力 TIPS

- 透過身體力行，以身作則，並與人溝通，傳遞影響力。
- 一個優秀的運動典範，不僅僅是看他在運動場上的成就，典範應該是用他一生所扮演的角色來判斷。
- 為他人付出，連結社會，才會更珍惜自己擁有的，真正發揮運動員的影響力。
- 認知自己的影響力，找到自己堅定的信念與價值觀，並試著去關心自己以外的更多人。
- 問自己：我該如何把運動場上的精神帶到社會、創造長遠的價值？

15 影響力

超越身體之外，仍能照顧到他人的能力

16

社群力

一顆星很耀眼，一群星星，才能讓星空無限綿延

企業最大的資產是人。

——日本經營之神，松下幸之助

社群不是為了讓自己更厲害，而是連結不同的人產生信任感與互動

在網路普及，演算法等各種智能學習機制在爭奪你注意力的同時，社群提供了另外一種分眾化的管道尋找特殊的人跟族群，跟他們建立關係，創造價值。

根據Inside數位時代的定義，社群是「一群有著共同興趣或關注的人，並且彼此間發展出人際關係。」這也表示對運動員來說，不是開一個ＩＧ帳號曬肌肉、曬美臀就是擁有社群，也不是創建一個ＦＢ粉絲團就叫做擁有社群；平台不同，影響的管道跟男女偏好也各不相同，到底社群應該怎麼操作才好呢？運動員又為什麼需要一個社群呢？

數位社群工作者老查（李全興）建議：社群最關鍵的元素就是「身分識別」跟「信任關係」。大家投入社群，不只是在尋找優質的產品或服務，更是在尋找一種**共享身分**和**歸屬感**，想為自己關心的事情做出貢獻，並成為其中的一分子。面對特定的主題、特定的內容、特定的目的，經營社群前可以多問自己一些問題，例如：

什麼是我所要經營的社群的主題？我的產品或服務會是個好主題嗎？什麼是維繫社群成員間關係的元素？哪些人會是社群中的影響力份子？這個社群貢獻哪些價值給參與成員？

我個人認為，社群經營者其實就像是一個品牌的傳道者一樣，要有堅定的信念，關心周遭的夥伴，他也是品牌的代言人，所有發言的言論代表著品牌本身，遇到困難會蒐集大家意見討論求助，擅長用數位工具連結人與溝通，在一來一回的意見蒐集中，持續的改善跟優化服務及產品，成為一個成長的循環。而對運動員來說，選手的個人品牌社群經營的其實就是你自己，如果一個人就過得很好，那為什麼還需要社群？有別人在一起就真的好嗎？

而以上說了這麼多關於社群的介紹，其實是想要跟運動員傳達一個概念，**社群存在的目的不是為了讓自己更厲害，而是連結不同的人產生信任感與互動**。當你一人作業習慣了，打球自幹，在隊上總是MVP，但這並不表示你有辦法經營好一個社群，當一間公司開始從一個人，到要管理一群人，是組織人數擴大，更是領導者縮小自己的過程；在英文 Administration 管理這個字源，就是從 Mini 縮小的概念來的。管理是在做眾人之事，成為眾人的僕人，管理更是要主動服務人，而不是被動的等人來服侍，更不是用權力頤指氣使，因為人才是組織的命脈，關係到組織的生死成敗，我們願意用更長的眼光看待人才，因為體育圈需要注入能量、新血，以及走出自己求才的道路。我把這樣的社群觀念，試圖用在自己經營的協會中，整理出三個原則，在操作中跟協會與社群夥伴一起成長，我體驗到有人一起走的美好，或許這就是人需要社群的原因吧。

社群中的人不是工具，人是目的，是一切的理由跟答案

社群經營，不是在「辦活動」或是「發布消息」，社群的本質是經營人。

二〇二一年的三月十三號，對我而言是個重大的一年，這天我們辦理了「中華民國運動員生涯規劃發展協會」成立後第一場對外的實體活動，連結來自各個運動項目頂尖好手，田徑、馬術、跆拳、西式划船、賽車、游泳、飛盤、網球、足球、

韻律體操、桌球、卡巴迪、霹靂舞、滑水、籃球、BMX、鐵人三項、拳擊、Crossfit等頂尖選手皆到場支持，送上祝福，還有運動經紀人、教練、體育媒體、運動產業從業人員與企業夥伴，共同成為協會最有力的支持者。人是因為使命共振才能走在一起，有你們這群相同理念的夥伴，真的無憾。

英文有句話說：「A black belt is a beginner.」意思是「跆拳道中的最高級別黑帶，也只是個初學者。」我雖不是運動選手出身，但從在台體大讀書，十一年奧林匹克研討會經歷，合作出版體育素養專書跟撰寫體育教材，在台體大教學五年，國家訓練中心教學一年，與八十幾位菁英選手合作演講，接觸全台近一千位學生運動員，到希臘奧林匹亞、捷克布爾諾發表體育與奧林匹克教育研究，但我對於協會的經營跟管理，仍然只是個初學者，我沒有答案，甚至不知道什是最好的決定……

但好險，我有一群運動員，一群願意跟我一起走的體育人。運動員生涯規劃發展協會就像是一個待轉區，在選手生涯上除了努力之外，也有個可以待轉、等待、放空、休息的地方，但休息不是什麼事情都不做，而是持續尋找值得你一直努力去做的事，因為總有一件事會代表你，衡量你的一生。所以關於這個社群跟人的經營，我總是會問自己一個問題：**「運動員生涯規劃這件事，會越做越有價值嗎？」**

「中華民國運動員生涯規劃發展協會」就像是選手跟社會之間的橋樑，透過協會來看世界跟運動員，會發現運動員從此變得不一樣。很多長輩勸我說：「你要就開間會賺錢的公司，不要搞什麼NPO非營利組織。」我知道，經營企業確實需要商業模式，但更我相信的是，只有某件事的核心要能夠一直做，這個商業模式才會有價值，而那個核心，或許可以稱之為「意義模式」，也只有意義模式，可以支撐協會持續找尋在社會上存活的方式，走在對的路上。

讓非運動產業的人也能感受到運動員的價值，這就是我們協會的價值。而這其中最難的地方，是要**為盡可能更多人創造意義感**，讓運動員的價值不只是得牌，而是有更多的延續價值可以提升，選手才有生涯規劃的多元可能。為了達到這個目標，我知道人是核心中的核心，人才永遠是最稀缺的資源。除了運動員這群人是核心之外，陪伴運動員的人也是我們社群的一員，當我盤點哪些人可以成為社群的一員時，發現除了運動員，喜愛運動的運動產業人士，甚至是同業也可以成為社群夥伴，關鍵其實不是我們各自在做些什麼，而是內心有沒有相同的痛？有沒有共同的目標？有的話，異業可以結盟，同業可以高峰，沒有什麼人是無法合作的。

而為了找到人才，我們發起了聯合培訓與聯合徵才計畫，由三間公司GATE Sports Agency、前勁國際運動管理顧問公司（Change）、中華民國運動員生涯規劃發展協會共同舉辦，期望培育更多的學生運動員、體育相關科系學生、有興趣投入運動產業工作者提前有機會接觸業界實習，從〇到一完成專案並累積實務經驗，藉此認識運動產業的相關工作內容，提前為未來職涯開啟一扇門，接下來我會跟你分享我們是怎麼開始建立起這個社群氛圍跟完善組織的過程。

面對真實的世界，解決真實的問題，才是社群存在的意義

根據美國《企業》（*Inc.*）雜誌報導，二十一世紀企業在招募人才的過程中，必須抱著開發客戶的行銷心態，隨時注入創意。「如何才能成為持續有吸引力的公

司？」是企業組織在人才招募上的第一個課題。我們發現，運動產業的資訊不透明與群體對話不直接是一個切入點，因此主動出擊，首創聯合徵才尋找願意一起建立團隊的新人才，並且善用社群的品牌形象尋找能夠反映組織價值觀的人，才能實現招募成效。

想要連結人，可沒有這麼容易。除了招募夥伴，人才在哪兒不知道外，不同項目的運動員彼此之間也沒有交集，要靠什麼來聯繫呢？我們協會是年輕的協會，成立時間短，聲譽尚未建立起來且認識的人不多時，面試者自知自己是冒著「公司還很小、不穩定」的風險前來，吸引他的又是什麼呢？

當我們很誠實的面對這些問題，我們發現，新創公司的包容力與溝通力、敢用比老闆自己更優秀的員工、重視態度勝過能力這三點，是小公司在人才招募上的優勢。奧美廣告公司創始人大衛・奧格威（David Ogilvy），他曾說過：「管理者如果為了自己的安全，在徵才上只找那些比自己水平低一階的員工，就會像俄羅斯娃娃一樣，一級不如一級。」由於這個故事很有名，因此管理學界因此有了一個「奧格威定律」，指的是要善用比管理者更優秀的人，公司才會持續成長，也只有管理者的心態轉變，不斷創新，才能連結更多的人，更精準的招募到需要的人才。

西方主流的企業管理有句名言：「We hire for attitude, and train for skills.（先雇用態度好的人，再培養他的能力）。」跟我們三間公司招募人才的方向不謀而合。公司越小越新，更要有新招展現特色，於是我們透過創新徵才＋聯合面試＋社群招募，吸引到潛在的人才。

特色一、展現新創組織的包容力與水平式互動溝通

在做法上，我們三間公司善用彼此的優勢互補，GATE協助整體形象呈現，Change協助建立結構化的面試篩選步驟，而我們協會則是負責聯合培訓的主體內容；我們清楚知道，這一次的聯合徵才操作，將會同時與我們的客戶跟潛在人才溝通，因此將工作需求、經費、執行內容透過社群透明化呈現。以這次新嘗試的聯合徵才舉例，我們架設了聯合徵才的網站，透過線上社群的方式公告二十天，吸引了三十五份履歷，其中有將近十份有海外學經歷，當中亦不乏心理系專業、

體育產業專業與現役運動員。經篩選後，我們對第二輪面試者進行為期三天的聯合面試，每個人皆面試了三十分鐘，面試過程中除了仔細的盤點面試者特質，記錄下面試者的第一印象外，同時雙向的向面試者介紹我們三間公司的工作型態與工作內容。

　　而對於面試失敗者，我們特別花時間撰寫客製化的感謝信函，在約定時間內感謝他們的信任跟前來面試，並承諾這份拒絕只是暫時的，我們仍然會提供轉介紹的機會並且將相關資料存入人才儲備檔案中。

　　像是有位面試者具備醫學背景，國外長大，熱愛運動，我們覺得來擔任實習生工作有點大材小用，立刻轉介紹到運動醫療相關的社團並且請負責人主動寫信邀請安排見面；另有一位面試者對於運動表現教練十分感興趣，個人特質表現也很不錯，由於我們三間公司並非以運動表現訓練為主體的公司，亦協助媒合轉介，讓新鮮人有機會體驗運動產業的真實性，同時實現個人成長目標。

特色二、敢用比自己更好的人才

如果招募人才是提高企業生產力的第一要務，那麼敢用比創辦人自己更好的人才，就是一件再正確不過的事情了。我們的做法是提早列出每一間公司的細部職缺需求，並且拆解每個創辦人的工作流程步驟，透過拆解工作流程，找到每一間公司自己「最核心的競爭力」是什麼，我們討論後決定，抓住各自公司最核心的競爭力項目，其他的內容全部毫無保留的教導給加入的夥伴，並且建立起監督機制與清晰的職務說明，鼓勵員工流動並且成為外部夥伴，才能夠在一個安全、開放、去中心化的環境中交流成長。

特色三、重視態度勝過能力

我們主打應徵沒有經驗的大學畢業生或是在學生，甚至鼓勵運動選手前來嘗試，未來也有轉正機會，並且透過聯合培訓觀察所有實習生的性格與態度，我們始終深信，有了態度後，能力將是可以培養的。而在面試後，我們立即安排了一整天六小時的聯合培訓課程，其中包含三場主題短講、一堂工作坊討論，以及一場黑客松實作，讓實習生們嘗試運用自身專業，面對真實的台灣體育情境，解決真實的問題。實習期間雖遇到Covid-19疫情也不停歇，依然辦理線上聯合培訓工作坊，除了透過教育訓練讓剛進入職場實習的小白可以更了解我們的工作任務外，聯合培訓亦是降低訓練成本，並且連結跨公司專才的好時機。

以我們運動員生涯規劃發展協會來說，我們特別尋找有體育專業背景且渴望貢獻回饋的運動員們，透過背景的共鳴，讓運動員影響運動員，串聯更多的資源，也創造更真實的互動與體育價值。而GATE跟Change兩間公司，各別招募具有專業特長的技術夥伴，透過跨領域的合作，讓運動員的價值被更多人看見。

公司在挑人才，人才也在挑公司，每間公司都會想要態度好，能力也好的「完美」員工，但完美不能常得，針對能力的強弱與態度的好壞，平衡公司的短期利益與長期目標，不是篩選人，而是培育人，我們深信志同道合的人終究會走在一起的。社群的建立跟聯合面試與聯合培訓一樣，所有的過程其實都是雙向評估的，一方面組織觀察求職者的態度個性，另一方面求職者也在觀察評估對公司組織的整體印象，每間公司的存在自有其創生的目的，因此社群的經營更不必強求，強摘的果子不甜，社群人的聚攏更是如此，掌握自己的特色點，有來有去但不忘。

能夠影響一個社群的不是一個人，而是他所相信的信念

什麼是真實？真實就是你所堅信不移的事，就會成為真實。我認為，要能夠經營一個社群，必須要有你相信的事。我特別喜歡運動員，喜歡他們單純的眼神，真誠的話語，還有披戴滿身的可能性；而成立協會，建立社群，只是想要為我喜歡的人做一點小事情，不管是為運動員創造一個人生的轉折點，還是用生涯規劃來連結打造體育教育中的創新，或是整合線上線下，成為體育圈中的一個小小亮點；選手的改變，就像是一朵花的綻放，可能是陽光，可能是雨水，可能是土壤，可能是我看不見，無法從表象理解的某些元素，形成這朵花。一個運動員的養成與人格塑

造，也有太多可能，而可能又會創造新的可能，甚至影響到他的思考與為人，讓我們不得不慎重，不得不更用心，因為我們在教育人，一個活生生特別的人，一位運動員。

謝謝那一朵花的努力綻放，也謝謝運動員生涯規劃發展協會夥伴們，有志一同的努力耕耘育成，我很榮幸能以理事長的身分，跨界邀請菁英選手們聚集，討論我們希望為這世界帶來怎樣的改變？社群不是一個人的武林，而是一群人的舞台，運動員生涯規劃要能夠走得長久，不是依靠誰，而是所有人都貢獻一點點，因此，我也廣邀各界優秀運動員們成為我們「導師制度」的一員，陪伴經過第一階段課程後的小選手們，提供多元的生涯路徑，讓運動員帶領運動員，探索自己找到生涯方向，用選手經驗陪伴年輕運動員度過生涯難關。

我始終相信，一顆星星可以很耀眼，但一群星星，才能讓星空無限綿延。運動員生涯規劃是眾人的事，不能沒有你，我為此深深的謝謝你。

運動員是獨立的個體，他們既特殊，又有魅力，當他們拚盡全力展現獨特的自己時，風險是很高的，但協會將會是一個休息暫停的港灣，讓他在嘗試中得到安全感，可以包容他的錯誤，接納他的獨特，讓他成為他自己，讓選手為他每天努力的事情感到驕傲，就像法國作家聖修伯里在《小王子》中說的：星星會發亮，就是為了讓每個人可以找到屬於自己的星星，然後牽起手來，連成一片銀河。

人從來就不是工具，人是社群存在的目的，人就是我們協會這個社群的本身，而協會就是為服務運動員這群人而存在的，像是樹木各自獨立卻能彼此依附而連成一片森林。關於協會的未來，我其實沒有答案，但我願意開放一個安全的舞台，一個容許運動員在踏入社會之前，可以嘗試錯誤，逐步校正的環境，讓我們跟運動員一起創造出屬於我們的未來。運動員生涯規劃這件事情很重要，但總有人會先開始，也總有人要先開始，也總有人要一直堅持。

堅持做一件事需要有人支持，支持那些願意持續堅守生涯規劃價值的人，支持運動員生涯規劃發展協會，也支持那些願意敞開自己，重新學習的勇敢的運動員們；他們的努力值得支持、精神值得支持，同樣是體育人的我們更應該相互支持；當你看見他們持續堅持的故事，將珍貴的，也會是很有價值的。

中華民國運動員生涯規劃發展協會，我們立志於培養更多有影響力的體育人，用方法與策略陪伴運動員度過難關，給予資源跟人脈預備選手面對未來。

或許是特別有感，終於有機會吐露心聲而寫下這些，但經營社群中的「人」，肯定不是緊盯著對方，反而是彼此都看往同一個方向，帶著急迫的耐心，攜手去向遠方。

《歡迎小額捐款支持運動員生涯規劃發展協會》

捐款銀行：中國信託（822）北新店分行

捐款帳號：772-540-252-277

捐款帳戶：中華民國運動員生涯規劃發展協會

統一編號：91146980

社群力 TIPS

- 社群中的人不是工具，人是目的，是一切的理由跟答案。
- 面對真實的世界，解決真實的問題，才是社群存在的意義。
- 能夠影響一個社群的不是一個人，而是他所相信的信念。

16 社群力

一群星星，才能讓星空無限綿延

17

圓融力
在他的心上，有你

你要保守你心，
勝過保守一切，
因為一生的果效都是由心發出。

——聖經箴言

二〇二〇年十一月，教育部體育署為學校體育與QPE（Quality Physical Education）高品質體育課程教學發展計畫，辦理了素養導向體育教材研發成果發表會，希望透過差異化的教學內容，讓不同能力的學生都從體育課獲得更多選擇，產生興趣後，進而選擇終生能從事的運動。

隨著素養課程教學的推動，體育教學則是聚焦在「身體素養」，因為體育課程就是一趟身體的旅程，目的是期待讓每一個孩子都能成功，而不是培養出一個又一個的運動菁英。想像一下，如果你今天在一堂游泳課上，三十分鐘只能游二十五公尺的蝶泳，擁有體育素養的老師很可能就會跟你溝通，如果我們到高三畢業目標是要在二十分鐘內游完五十公尺蝶式，你打算如何讓自己更進步呢？你有信心跟方法可以讓自己更進步嗎？

關鍵就在於離開學校之後，你是否還會持續嘗試運動，養成規律運動的習慣？老師可以和學生一起規劃學習目標，擬定他從第一堂課到第十二堂課該如何讓自己更進步的方法有哪些，老師可能會教導學生學會游泳的技能、提升對游泳動作的認知跟對游泳規則的理解，或是在游泳課程外，讓學生嘗試在自己生活中挑戰跟實踐自我，像是游泳課程的課後學習可以是考取水上救生的執照、開放式潛水證照或是CPR急救證照，透過證照的學習讓學生自主選擇想要完成的學習路徑，而這樣的素養體育課程目的，不是希望他成為一位厲害的游泳奧運選手，而是希望他未來能成為一位養成游泳運動習慣並且喜歡水域活動的大人。這其實才是真正的體育課程素養教學，也才是一趟令人期待的旅程。

在我訪談的經驗中，也確實有看到早在素養導向體育教學推動之前，就有個單位把「籃球運動」當成媒介，傳遞著「品格」這個一生相隨的概念，希望讓偏鄉跟有需求的孩子們可以透過運動，建立好的動機，長出由內而外的品格價值，他們一群年輕人用自己的時間跟專業貢獻在有需求的地方，其中的靈魂人物，MAC品格籃球創辦人彭柏霖，就是一個曾經被運動改變，從此投身體育教育的體育人。

MAC品格籃球，打造有溫度的體育課堂

廣為人知的籃球運動，除了是運動場上較勁的球類項目外，更是從體育培養孩子品格跟建立自信的連結管道。始終相信「不是每個孩子都能一輩子打籃球，但他們一輩子都會需要一個好的品格態度」。MAC品格籃球創辦人彭柏霖，從體育產業中最常見的籃球運動出發，分享他如何將運動與品格教育連結，開創不一樣的體育教育模式。

MAC品格籃球的三個大寫英文字母，分別代表Motivation動機Attitude態度Confidence信心。為什麼選這三個字？彭柏霖表示，不論是要做什麼事情，都需要有「動機」來提供動力；在做事的過程中，很可能會遭遇困難，需要好的「態度」來協助面對；有動機有態度，不見得就能順利解決問題，還必須要有足夠的「信心」去接受多次失敗的自己，才有辦法在過程中不斷的成長。

彭柏霖說，自己小時候以籃球國手為志業、不斷苦練籃球，後來因身體罹患了類風溼性關節炎導致肢體僵硬，也曾在大學的時不幸受傷將腰椎扭斷，但幸運的是，除了身上裝有一節金屬關節外，並沒有對生活造成太大困擾；傷後復健的他為了休養身體，也為難以繼續往選手道路前進的自己找尋新的出路，因此決定轉型當教練，利用自己擔任球員的經驗陪伴、教導年輕的球員們。

在成立MAC品格籃球之前，彭柏霖在一間全英文的籃球教學公司上班三年，他笑說當初進去面試時英文很破，卻工作陰錯陽差得到了一個翻譯的工作，負責將外籍老師的英文講解翻譯成中文教學，協助學生理解，也因此在這段時間提升了自己的英文水平，同時觀摩教學經驗，並親身實踐籃球運動教育。

在一次工作中，一位學生對著地板吐口水，彭柏霖馬上拿起衛生紙帶著孩子將地板擦乾淨，彭柏霖對孩子說：「會打籃球很棒，但是吐口水的動作，還是不對的。」也不知道是怎麼了，那位孩子突然就開始哭，彭柏霖也因為這個狀況而遭到公司責難，抱持著教育熱情的他開始思考，難道顧客永遠是對的嗎？難道商業公關形象跟品格價值教育竟然是這麼的格格不入嗎？

「品格教育與籃球運動，絕對不是只能二擇一，而是可以互相並進的。」彭柏霖認為，錯誤是一個人最直接的行為表象，能夠了解人格特質、自我形象與背景教育，所以在課程上的特別之處在於，比起一般老師可能會不希望孩子犯錯，他的教練團隊反而都很「期待錯誤」，並希望能夠藉著這些「錯誤事件」來教導孩子品格與價值，就如同他對待當初遇到的那位吐口水的孩子一般。

秉持著「籃球課是有溫度的課程」這樣的理念，彭柏霖強調，溝通非常重要，除了在課堂上與孩子們好好說之外，在上課之前也都會先跟家長溝通、了解對方的期待，再以此去調整教育的模式，因為在他這裡上課，除了球技的訓練還要注重品格教育，所以上課的時間更顯得受到壓縮，為了讓孩子們能夠擁有足夠的籃球能力，訓練上可能也就會更為扎實嚴格。

MAC品格籃球到今年已經六歲了，在這六年的教學經驗中，彭柏霖體會到孩子真正需要的其實不是一堂籃球課，而是有能夠陪伴、溝通的老師，他發現「很多孩子不知道他的人生有什麼價值」，所以教練作為陪伴者，不能只是給予指令、授予孩子技術能力的提升，更是要能夠與孩子在同一個位置、聆聽孩子們的想法，這樣一來品格教育等價值的傳授也能夠更加有效。

從事教學的這幾年，有過哪些印象深刻的經驗呢？彭柏霖說，曾經有一位被視為是「問題兒童」的學生「小安」，他媽媽帶他來入學的時候就警告教練，要特別小心這位孩子，他不只在小學三年級就勒索同學得手五千元、曾經帶著全班同學們一起翹課打籃球，也是附近警察局的常客。但面對這樣的情況，彭柏霖反而稱讚小安是新世紀的領袖，因為要達到這樣的「豐功偉業」，代表必須要有著一定程度的說服力和領導氣質。

由於小安也是個不愛讀書的孩子，剛好彭柏霖自己那段時間也要讀書，便會邀請他一起念書，透過陪伴來慢慢的讓孩子不去排斥念書這件事，並以此類推逐漸的改變小安的許多行為舉止。等到小安六年級要畢業的時候，彭柏霖接到電話，原來是小安邀請他去參加畢業典禮，而且小安還要在全校面前被頒發進步獎，特別希望教練能夠到場見證這光榮的時刻，感謝教練讓他知道，其實自己還是有能力可以讀書的。

「其實創業至今，我連自己的貸款都還沒還完呢！」彭柏霖笑說，經濟只是其中一個壓力，人生中還有許多其他壓力需要面對。比起教導孩子，彭柏霖坦承，培訓教練的時候挫折更大，因為他的教學理念較為特別，而且很多籃球教練就是當年「沒有被照顧好的」大孩子。舉例來說，他曾經要求教練在課程結束的時候要寫一封信肯定來上課的孩子們，但因為很多位教練在成長的過程中並沒有感受到來自教練的正面鼓勵，所以他們也不知道要如何使用這樣正向積極的方式來對待自己的學生。

「MAC品格籃球」現在還在摸索屬於自己的道路，不只是學生在學習，教練們也還在了解如何教導，自己只是秉持著一個理念的大方向，嘗試著開創一個新的教學模式，所以整個MAC品格籃球從學生、教練團到創辦人彭柏霖自己，是個人人參與的大家庭，也是大家一起思考、努力精進、不斷蛻變成長的共同體。

回首這樣一路走來，從打球、受傷到成為教練、創業教學，彭柏霖期許自己，未來可以成立品格學院平台，雖然籃球有很多人玩，但是其他的運動項目中，也有很多抱持著熱情、具有良好品德而且可能也對品格教育有興趣的教練，希望能夠將大家集結在一起成為聯盟，讓每一個孩子、每一個項目、每一個接觸運動的人，都能夠有機會接觸到這種治癒人心的教育模式。他也笑說，自己的孩子剛剛出生，希望能先做好一個爸爸，透過了解如何身為父親，再把這樣的經驗運用在教學事業上面。

如何在孩子的心上有你？你需要在「情感帳戶」中先加值

美國心理學家威拉德．哈利（Willard．Harley）將人際的相處，比喻成情感的帳戶，讓對方開心，覺得被欣賞，肯定或是感受到愛，就像是在人際的情感帳戶中累積信任跟關係的存款，信任資產越多，越能夠維繫長期情感關係跟價值觀的信任溝通，相反的，如果情感帳戶中的餘額不足，就需要再加值，才能夠跟對方重新建立關係。

蓋瑞．查普曼博士（Dr. Gary Chapman）在一九九五年出版《愛的五種語言》一書中有提到五種不同表達愛的方式，其實就是在教導我們人際關係相處上，如果情感帳戶中的餘額不足時，該用什麼來加值？而即使是同一個屋簷下長大的兄弟姊妹，也有可能對於人際相處中的情感帳戶有不一樣的需求，而依照個人的成長經驗和需求大約可以可分出五種：

1. 肯定的言詞（Words of affirmation）：在對的時間給予具體的回饋、讚賞與肯定，以及提到「他很重要」。
2. 特別的禮物（Receiving gifts）：禮物不再於昂貴，而是看到禮物會想到這個人，讓他可以透過禮物知道你們記得彼此。
3. 服務的行動（Acts of service）：投注思想、精力、計畫跟時間為對方做「他想要你去做的事情」，並投注正向的情緒表示出你關心他，可以是做一頓飯、幫他買早餐、幫他溜狗、陪他加班、修理東西，這些都是服務的行動。
4. 精心的時刻（Quality time）：需要兩人一起完成些什麼，並給予對方你全部的注意力。
5. 身體的接觸（Physical touch）：這裡指的不是性，而是用肢體傳達對對方的關愛，像是在馬路行走時讓女生走內側，輕吻對方的額頭，對方哭泣時給予擁抱，牽手，摟著腰，摸摸頭，拍拍肩，對於喜歡撫摸跟觸感接受愛的人來說是最有感覺的。

情感帳戶是維繫關係的帳戶，彭柏霖從創立品格籃球至今，有些孩子能夠改變，都是因為長期的陪伴跟情感加值，用正向且積極，符合孩子需求的愛的語言在對方的身上持續陪伴加值，才有可能由內而外帶出改變。陪伴的道路一點都不擁擠，因為能夠做到的人真的不多，彭柏霖用籃球啟發一個又一個孩子的生命，因為他知道運動從來就不只是運動，他可以透過運動加上陪伴，讓孩子內在生命的意義被彰顯。

如果你也想要跟彭柏霖一樣，用生命影響生命，陪伴一群人走下去，除了了解人有不同愛的語言之外，具體來說可以怎麼做呢？

❶養成隨手存款的好習慣

關係是長期建立的，不要突然間第一次見面就給人建議或是頤指氣使，人們喜歡的不是專業的人，而是有溫度的人，可愛的人。你可以試著過年過節、生日時主動私訊留言給員工或工作夥伴，表達你對他的感謝，或是安排時間寫卡片謝謝他們；開會時沒有人要做會議紀錄，你可以是主動願意發起，並且會後馬上把資料整理好寄給大家的人；當朋友難過或心情不好時，你可以是陪他聊聊天，請他喝杯飲料聽他訴苦的人；更簡單的，你可以是看到別人貼文動態主動按讚留言，或是在別人問問題時主動詢問是否需要幫助的人……

❷小心無意識的取款行為

不要一直發早安圖，罐頭訊息的信件或是EMAIL群發，為了一點抽獎或是禮物隨便標記別人或是要求別人拉票按讚。別人為什麼要幫你？你在不同人的心中的存款份額本身就不一樣多，做任何事情之前請先想想：你跟這個人多熟？再熟有熟到需要揮霍自己情感帳戶的程度嗎？沒有人應該順便幫你，能自己解決的事情先自己解決，如果真的需要別人幫忙，在別人提點後應該回報善意，可以是下次你出國回來送個小禮物或是卡片給對方，或是觀察對方最近有什麼需要主動協助表達心意，以免被別人覺得你是個予取予求不須深交往來的人。

❸大方接受別人的幫助

我們會想要在別人的情感帳戶中存款，也應該要允許別人幫自己的忙。如果在幫助別人時心中一直想著：這下子你就欠我了，找機會跟你要回來。不健康的人際關係，是人都感覺得出來。當你可以舉手之勞幫助別人，就應當盡力幫忙，協助對方連結資源，或是幫助對方完成他心中的渴望，有時候扶人一把對於站穩的人來說真的不算什麼，不要事事計較，反之亦然，朋友之間相互幫助，有時候更能夠加深彼此的情感，成為彼此的羈絆。

圓融力 TIPS

- 體育課程是一趟身體的旅程，超越運動場的關鍵，就在於離開學校之後，你是否還會持續嘗試運動，養成規律運動的習慣。
- 在別人的心上有你，是把教育的力量透過體育來表達，溫柔堅定的再試一次。
- 要做到圓融，先確定彼此的「情感帳戶」中有夠多的存款跟信任資產。
- 了解自己在人際相處中的五種不同需求，了解身邊的人需要怎樣「愛的語言」。
- 圓融力的培養，要養成隨手在「情感帳戶」存款的好習慣，小心無意識的取款行為，且願意大方接受別人的幫助，彼此互相才是圓融。

18

風控力

運動場上的政治學

當一切不如意時，
你要如何完成自己的工作？
這才是最重要的。

——鈴木一郎《天才的人間力》

如何轉換運動員的風險？

風險承擔的能力，反映出運動員的價值

風險，就像是陽光、空氣、磁場一樣，看不見，摸不著，卻又無處不在。運動員的價值其實是反應在風險上的。運動員的生涯風險高，面對環境、職業、轉移的風險，本文提供三個思考角度給運動員，只要從現在開始，學習培養一雙洞察風險的眼睛，提前判斷局勢，看透別人看不透的遊戲規則，並生成一套機制來承擔或解決風險，有風險，表示能夠「承擔風險」的運動員，才更有價值。

台灣爆發Covid-19疫情後，基於防疫的要求，一百一十年全國大專運動會確定延期，再加上從二〇二〇年延到二〇二一年的東京奧運賽事延宕，外在環境的變化劇烈，讓以賽事成績為生的運動員們對於未來擔心，卻也無能為力。但是，運動員打從你想成為運

風險雖然看不到、摸不著，但抗風險的能力卻可以反應出運動員的價值。

動員的第一天開始，其實就已經知道，選手所累積的專業是有極高風險的，這些風險的來源包含三大部分：環境風險、職業風險和生涯轉移風險。

運動員角色的三大風險：環境風險、職業風險和生涯轉移風險

環境風險來自視野的封閉狹隘，運動員生活環境單調、反覆、封閉，除了訓練之外，缺乏對未來的想像，甚至不同項目的運動員在國訓中心也缺乏交流，導致環境的封閉性與社會缺乏連結，選手認為：「我離開體育圈後就什麼都不是了！」社會大眾認為：「只有不會讀書的孩子才會去學體育！」當社會不關注運動員且對體育班畢業生多有誤解，才會逐漸形成惡性循環。

再來是職業風險，運動員的角色風險高，身體或心理的受傷，長時間沒有成績或賽事，甚至運動員平均的退休年齡在三十三歲，距離法定的退休年齡還有近四十年的時間，選手又該做些什麼？職業風險的最大問題在於，很多因素不可控，像是

因為疫情來攪局的賽事延宕影響積分跟排名，你連比賽都不能比，你再有實力都不能證明時，你該怎麼辦？

最後一個，是生涯轉移風險。運動員的競技展現或運動表現，目的是展現給觀眾看，但這個展現有他的上限，其中最明顯的是無法儲存跟無法轉移。運動員的競技表現仰賴你親力親為，你的競技成績如果是半年前、一年前的成績，大家就會懷疑你現在還有成績嗎？而且你的時間跟體力都是有限的，你只能夠在有限的時間中選擇「可能有機會最大化」你的運動表現，但結果仍然未知，這是無法儲存；而只要你不在了，我們就看不到這個展現，無法假手他人或是最大化你的時間效益展現你的專業能力，這就是無法轉移。無法儲存跟無法轉移這兩點，似乎就限制了你發展的天花板，自然風險就大大的提高。

有風險，表示能夠「承擔風險」的運動員，才更有價值

你問說：「那我現在知道當選手有高風險，我趕緊不要當運動員就不會有風險了吧！」

大錯特錯！風險不是你不想要它就可以丟掉的，它跟著你，別人用它來判斷你的價值，但你卻對它毫無感覺，你不能丟掉它，但風險其實是可以轉換成價值的；只要你有一雙洞風險的眼睛，提前判斷局勢，看透別人看不透的遊戲規則，並生成一套機制來承擔或解決風險。

關於看不到摸不到的風險，我們來舉個具體的例子跟運動員類比一下。

最近因為疫情，導致股價、原油價格都有許多的變化，但是行之有年的航空業對於飛機燃料價格的風險管控，早有一套風險控制的解法，就是到原油市場去買「期貨」。「期貨」的意思就是，用今天的價格去購買未來，也就是遠期才能提供的貨品。像是西南航空在油價從每桶二十五美元漲到六十美元時，它的成本幾乎沒

西南航空透過購買期貨來對抗未知的原油價格風險。

有變動，仍然可以用二十五美元的價格八十%的燃料用油，但是期貨也不是穩賺不賠的生意，因為萬一原油價格下跌（像這次疫情就曾經在去年四月跌到負數），從二十五美元跌到五美元，西南航空依然要以二十五美元的價格購買。所以用今天的價格購買明天的商品，有可能漲也有可能跌。

西南航空是提供運輸服務的公司，不是買賣石油的公司，所以它的經營不受到石油漲跌的影響，於是石油買賣公司就跟他談，如果油價漲了我就用這個確定的價格供油，如果油價跌了就算我運氣好，你也讓我小賺一點；由此可見，「期貨」的概念在買賣的從來就不是石油或是運輸服務，而是一個看不到也摸不到的東西，叫做「價格風險」。真實的世界中我們每天在承擔的，就是不同形式的風險，並且不斷的在交易這種虛擬的商品。

運動員簽約也是一樣，年輕運動員跟大品牌的簽約，品牌商會想要簽長約；但資深的或是超過二十七歲的運動員，你比較容易拿到短的合約，為什麼呢？因為對品牌商來說他也在承擔風險，承擔你提早退役或是年齡大容易受傷、恢復較慢的風險。學習承擔風險跟轉換風險，是運動員這一生最重要的功課。

面對VUCA（volatility，易變性；uncertainty，不確定性；complexity，複雜性；ambiguity，模糊性）的未來，運動員從成員選手的第一天開始就應該要建立一個風險管理的機制，在年輕時要懂得自我增值，在年紀大時要懂得找機會保值，你的價值才不會在浮動的變化市場中，隨著風險流逝。

如何轉換運動員的風險？
從思考生涯規劃開始

風險的存在是促進市場自然淘汰的底層邏輯，它讓有能力視透風險的人存活下來，但有沒有什麼方法，可以趁早轉換運動員角色的高風險呢？當然有，就是提早思考自己的運動員生涯規劃。轉換風險的全局思考方法其實很多，以下我針對我所提出的運動員三大風險環境、職業和生涯轉移風險，提供三個思考的角度給各位參考：

❶將相同的服務提供給類似或其他樣貌的客戶

想想自己有哪些運動專業能力可以提供服務，你可能教專業的跑步，客群很小，一開始找第一個客戶很難，但當你談成一或兩個合作後，回透想想你的客戶動機是什麼？他們都是什麼樣子的人？是想運動沒方法的人？還是都是小有名氣的選手要更提升自己？找到你的客戶並且直接問他，是什麼打動了他？是什麼讓他信任你？然後用同樣的方式強化並且試著打動更多人，或是不同客戶動機的人，擴展客戶。

❷進行服務的延伸，持續深化

這個思考角度就是，我可不可以向前或是向後，來進行解決方案。如果你是個熱愛運動的選手，未來會朝健身產業發展，但你教著教著發現，很多人健身成效不好，跟吃的東西很有關，於是你延伸出另外一個服務，提供訂做的每日菜單，這就是往前的服務；你教健身，有一個大塊頭的選手來鍛鍊，目的是希望參加健美比賽，你聊天中發現他對於健美比賽的規則跟贏的訣竅不熟悉，在健身過後，下一步你持續幫助他如何從一個健美小白到成為健美選手，這是往後的服務。總而言之，就是要能全面的了解你的消費者跟客戶的問題，並且思考提供解決。

我自己個人原本在協助奧亞運、帕運選手們的口語表達、演講等訓練服務，但後來發現，這些運動員的故事中都會提到很多生涯轉換的問題，而口語表達只是其中的一項，於是我就往前思考，可不可以針對生涯規劃進行教學？或是提供更多的商業思維概念給運動員有全局性的思考呢？因此才會發展出運動員生涯規劃的教學跟服務，從國中高中的體育班學生開始，教導孩子們生涯規劃。（歡迎學校自主申請運動員生涯規劃校園講座）

❸我有辦法讓自己從個人變成團隊？滿足客戶其他的新服務嗎？

試著去打開眼睛，關注市場上還有哪些需求沒有被滿足？有哪些人的困擾沒有被解決？或是你可以找哪些專業人士跟你合作呢？人像攝影師在他的專業服務上，發現很多女生其實不會化妝或是穿搭，導致拍照效果也不好，這時候，你可以去找彩妝師跟服裝造型設計師搭配合作，創造出一個風險承受度更高的團隊，接到更大的案子，這點是運動員很需要學習的地方。

每個運動員都是自己的經紀人，你不要單打獨鬥，要想辦法變成一個團隊來賣，優秀的運動員就像是中午雞腿便當中的香烤雞腿，你自己就是主角，但是到便當店單買雞腿的少，買便當的多，跟別人組合搭配，互相拉抬，降低單打獨鬥的風險，是運動員擴張全局思考的重要概念。

轉換風險的全局思考，方法其實就在生涯規劃當中。

這兩年，因為疫情延後、取消許許多多的比賽，對於爭取積分的選手們心中的焦急，以及調整好後無法上場的那種灰心瀰漫在體育圈，久久不能散去；運動員呀，賽事的選擇權雖不在我們手裡，但是生涯的全局思考還有你可以選擇的餘地，每個問題背後也都潛藏著機會，每個風險也都在等待能夠擁有看透風險之眼的人來承擔解決，培養自己擁有一雙洞察風險的眼睛，提前判斷局勢，看透別人看不透的遊戲規則，並生成一套機制來承擔或解決風險，你處理風險的能力，才能展現出你獨一無二的運動員價值。

自我思考題：

1. 請寫出你未來一年、五年跟十年，分別可能會遇到的問題與風險有哪些？
2. 思考你自己，能否在運動員的環境、職業和生涯轉移風險上，事先做好預防？你要如何將相同的服務提供給類似或其他樣貌的客戶？你該如何進行服務的延伸，持續深化？你有辦法從個人經營變成團隊經營嗎？你有辦法滿足客戶其他的新服務嗎？請具體寫下你的回答。

風控力 TIPS

- 有風險，表示能夠「承擔風險」的運動員更有價值。
- 運動選手角色有三種極高的風險，分別是環境風險、職業風險和生涯轉移風險。
- 面對VUCA的未來，運動員要建立風險管理機制，在年輕時懂得自我增值，年紀大時懂得找機會保值。
- 風險轉換的方法很多，但核心關鍵是要有「長期的生涯思考規劃」。

18 風控力

運動場上的政治學

19

回顧力
用一張圖，找出自己動人的故事

如果我們在人生中體驗的每一次轉變
都讓我們在生命中走得更遠，
那麼，我們就真正的體驗到了生命想讓我們體驗的東西。

——李安電影《少年Pi的奇幻漂流》

華語流行音樂男歌手胡夏，在電視劇《求愛365》的片尾曲〈改變Change it over〉唱道：

停在街頭吹吹風
好想找機會到國外走走
停下來，問一問自己在忙什麼
選夢想或工作，愛或自由
選擇越多越迷惑
害怕自己已被掏空
男生是應該溫柔
還是該獨立靠自己行走
世界對我們的期待那麼多
不管堅強能夠維持多久
總有疲憊的時候
可不可以允許脆弱……

讓你每段生命的高低起伏，都成為可以訴說的故事

我們每天忙著工作、讀書、社交，有人曾經計算過，除了睡覺、吃飯和維持生命需求以外，人的一生，會花九萬到十二萬五千個小時的時間在工作上，但如果讓你停下來，問問自己該怎麼做才能夠活得有趣？該如何發揮自己的長處、活得更一致呢？這些問題，你都可以透過回顧生命的高低起伏，找到答案。

《遠離非洲》一書的作者，伊薩克．狄尼森曾說過：「人的一生，就為了說一個故事。」這個故事可以是與別人相遇時的悸動，可以是完成一件很有成就感的事情；故事，就代表我們生命經歷的全部。

丹麥哲學家齊克果也曾說過：「人生在前瞻中展開，卻只能夠在回顧中領悟。」回顧跟反省，其實有層次上的不同：回顧是客觀的，不管是開心、難過，都是回憶的一部分，但是用第三者的角度去看待、是無批判的；而反省，是看到自己過去做不好的地方，是主觀的，潛意識裡就已經覺得是自己錯的了。若想領略生命

中高低起伏的過程，不妨動手畫一張你的生命溫度計，將回憶中最有印象的片段寫下來，透過視覺化自己的故事，你或許能找回生命的意義並從中學習到些什麼。

相信什麼，就成為什麼

有個研究是這樣的，他們用科學的方式檢測一位鋼琴家，當他真正去彈鋼琴，跟他僅是在腦海但很陶醉的去想像如何彈奏鋼琴時，檢測出來的腦波，是一模一樣的。因為你相信什麼，你就會成為什麼。對選手來說，如果沒有回頭去搞清楚自己過去的錯誤，那麼同樣的錯誤在不同環境還是會再犯。回顧不僅可用比賽作為階段，選手也可以將自己與人的關係、環境的關係納入圖中。

生命溫度計的起伏程度，正好可看出一個人的情緒變化與心思細膩程度：有些人在同個階段的事件點很密集；也有些人認為沒什麼。但面對同一事件，在想法上的思考深淺並沒有優劣，更多時候，其實可以學著看輕一點、看得淡一些。很多時候在當下覺得是天打雷劈的大事件，十年過去，可能不過是芝麻綠豆般大的小事，所以回顧更可以告訴我們自己：別心急、堅持、沉穩，要用亮點一步步帶著自己往前走。如果要我來談談關於回顧的生命故事，我印象中反差超級大的，是職業女子格鬥選手黃偵玲的故事。

從挨過的拳頭找到優勢，越挫越勇的女子格鬥家——黃偵玲

今年三十歲的黃偵玲，身高一百五十六公分，個子嬌小的她是台灣首位女子綜合格鬥選手。黃偵玲並不是從小就練拳擊，而是六年前去新加坡工作時，在同事的介紹下接觸了綜合格鬥運動，因為有深厚的柔道底子，使黃偵玲在第一次對打練習時就有驚人的表現，後在當地教練的熱切邀請下，開始了她的格鬥之路。

綜合格鬥又稱混合武術（Mixed Martial Arts，縮寫：MMA），顧名思義是融合各種項目技巧的比賽，「我們一定要練拳擊、泰拳、踢拳擊、地板巴西柔術、角力與柔道等等，因為綜合格鬥選手必須要具備：踢、打、摔，三個能力。」黃偵玲

在六年內就熟悉這幾種項目，不外乎是因為柔道的基礎，「柔道跟巴西柔術、角力很像。因為都有摔技，其實只要是摔技選手轉換到格鬥，相對來說都會比較快上手。」她說。

然而以摔技為主的柔道選手轉換到以站立為主的格鬥選手，黃偵玲一開始不太能適應，加上當時台灣練格鬥的女生少，黃偵玲經常需要跟男生對練，更提高了難度，「因為男生的手比較長，身高也比較高，所以他們隨便伸出手點一下，就很容易被打到。尤其我又剛學習這個項目，回家就會想說自己怎麼都學不好踢拳擊。」最後黃偵玲如何克服這個問題，她說：「也是一路挨著拳挨過來。後來我擅長利用自己身高的優勢，把比自己高的選手帶下來地板。因為身高比較高的選手很好抱到腳，他們的重心比較高，反應時間也比較長。」努力練習、運用自己的長處，使得黃偵玲於二〇一五年初試啼聲後，拿下五連勝的好成績。

在逆風中綻放的花，黃偵玲還想繼續打下去

生在一個傳統，甚至有點重男輕女的家庭，黃偵玲的父母一直無法接受她從事綜合格鬥運動，「其實很多時候我們是沒辦法溝通的，我的父母很常直接用罵的，不準我去打。他們會說：『妳就是乖乖的去找一個鐵飯碗的工作，好好地等著結婚、生子，做好女生該做的事。』」有一回黃偵玲比賽輸了，人在國外的她接到媽媽的電話，電話那頭傳來熟悉的聲音：「那妳打輸了可不可以就不要再打了？」按下發光螢幕上的紅色按鈕，媽媽的話還徘徊在耳邊，黃偵玲在沒有燈光的練習場裡用力打著沙包，每一拳都是父母無法理解自己的挫折。可是她的雙手未曾因此停下，就像她過去面對所有挑戰一樣。即使不被家人支持，黃偵玲對綜合格鬥的信念仍然堅定不移。

二〇一八年，黃偵玲在菲律賓對上地主隊選手，已經針對對手的弱點訓練了半年的她，在賽前一個月腰部受傷，但是黃偵玲執意照常備賽，「我躺在床上一個星

期，身體不能動還是一直用頭腦想怎麼打。我覺得準備了那麼久，就是為了能在擂台上完整呈現出成果。」最後教練看不下去，強迫她休息了兩個星期，最後剩一個星期時，就出發菲律賓了。黃偵玲奮力拚搏了三回合，卻還是輸了比賽，「當時其實我挫折滿大的，因為我克服了傷勢，非常堅持我的意志，準備了半年就是要打贏對手，但終究還是沒有達成。」完賽後的黃偵玲躲進被子裡流淚，好幾個月都走不出低潮，「最後是透過教練的幫助，一直重新定義我的觀念，我才從低潮中走出來。」回過頭，黃偵玲很感謝這次的經驗，讓她學習到太急於上場表現，沒有顧好傷勢，硬是靠著意志力撐著反而會造成反效果。

為了自己的心願活著就是一場美好的生命

二〇一七年世大運過後，台灣的運動風氣有顯著的提升，從事格鬥運動的人也逐漸增加，在許多健身房都能看到八角鐵籠、沙包等設備，然而與日本和菲律賓相比，職業選手的成長率還是很低。儘管如此，黃偵玲仍堅持在格鬥路上，她更自信的說：「我希望能再征戰十年。」黃偵玲透露，其實只要保持體能、持續訓練，累積比賽經驗，在格鬥界打到四十歲都沒問題。宏大的志向背後，是為了提升台灣綜合格鬥運動的環境，「我希望能再爭取優異的表現，讓世界看到台灣的選手在國際舞台上發光發熱，也希望提供自身的經驗給後輩，成為榜樣。」

對於未來想投入綜合格鬥的朋友，黃偵玲建議勇敢踏出第一步，先從學習開始，「或許我們在追求夢想的路途中會遇到很多牽絆、束縛，也許是家庭的期望、同儕的比較，或社會的價值觀，但是珍惜你所選擇的，會觸動更多人心。我們在築夢的路上一同前進，過程遠比結果還重要。當你是為了自己的心願活著，就是一場美好的生命，而生活一切的美好都是要透過努力，與經過很多風風雨雨達成的。」雖然黃偵玲在格鬥路上遇到不少挫折，但她並沒有被打倒，反而更用力的出拳，為了自己，也為了台灣的綜合格鬥運動，一次又一次的站上挑戰的八角擂台。

有起伏，才算活著，不是嗎？

每個人都有屬於他們個人的生命故事，而運動員因為在訓練過程中會經歷受傷、卡關、失敗、成名等等這些劇烈波動，起伏相較一般人又更為強烈。人生就像心電圖一樣起伏不定有高有低，而非一條平靜無波的直線沒有變化。仔細觀察自己及周遭的人，那些充滿能量、有創意、有故事的人，幾乎都有這種在起伏中成長，在冒險中勇敢突破的特質。

請想像一下，如果你的生命是一條持續前進的線，在生命的不同階段、不同時間點，你經歷了什麼？是在高點還是低點？而你又從中體會到了什麼？我們偶爾需要停下來，回頭看看自己走過的路。

換你練習，畫出自己的生命溫度計

現在，邀請你拿出一張A4的紙張橫放，在紙張的正中間拉一條左到右的箭頭線段，代表時間軸，左邊是過去，右邊是現在；然後在紙張最左邊拉一條垂直的線，代表生命的熱度值，中間為零，最高是+50，最低是-50，共為一百，用來評分生

命不同階段中的熱度。（如下圖）

請你靜下心來，回想在不同的生命時間點，有哪些影響你的關鍵事件，讓你特別有感覺？這個感覺在你的生命溫度計中大概有幾分？

在每一個點的旁邊，你可以寫下事件關鍵字，這件事情可以跟職涯工作的累積有關，像是你讀了哪間學校、參與了哪個社團或活動對你產生影響？關鍵字也可以是你生命的重要時刻，像是家庭變故、親人離世、搬家、學習新技能等等。

生命是由許多高高低低的點所組成的，因此在回顧中串聯時，我們會看到一條有高有低的線，就像心電圖一樣，愈有

成長經驗造就生命韌性，迎向生命高峰

_____的生命溫度計

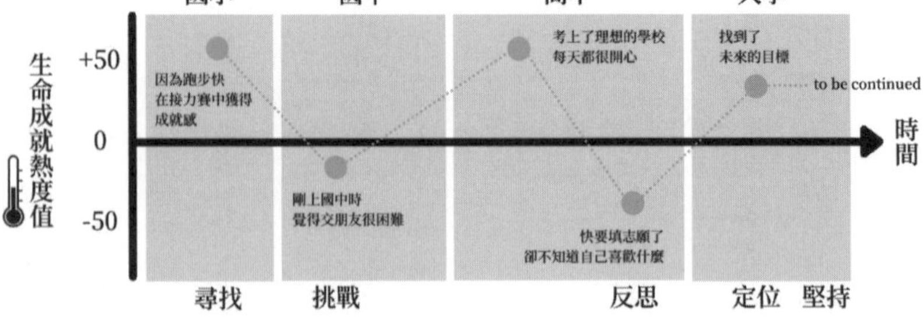

起伏的生命，就愈是精采。畫這張生命溫度計的用意，不僅是在梳理過去、協助我們用過去的經驗，幫助我們再次從挫折中站起，更重要的是在回顧這些意外時，好好處理自己與相關人事物之間的關係。人與人之間，或許會因為有許多誤解而結束一段關係，決定離開的當下，是不解、是失望、也是愧疚。但過一陣子，當你願意揭開傷疤，從一個比較遠的角度細細回想當時情境下的自己，反而會是感謝。而那時才會是成長的開始。不僅是回顧自己的過去，也可以多去看看別人失敗後重新站起來的故事，認知到不是只有自己遇到這個狀況，或許就能從中找到意義、得到力量，並且重新出發。

當你完成點跟線的連結後，最後一個階段，就是看斜率。請你找兩段由低點走到高處的斜線段落，回想當時的你是怎麼從低潮或較低的生命熱度位置，逐步走到較高的生命熱度階段呢？這個過程中你做對了什麼？有哪些貴人的幫助？你內心有哪些轉換？以及最後你做了什麼對的決定？

生命是由一個個決定所塑造的。你是你過去一切的總合，不是零碎的片段，不論好的壞的都是你，也都可以讓你有不同的學習。看著自己的生命溫度計，並為自已到目前為止的人生下一個總結、說出你獨一無二的故事吧！我很期待。

更多運動員的生命故事投影片請參考《運動員生涯教育學院》。

回顧力 TIPS

- 人生在前瞻中展開，卻只能夠在回顧中領悟，將回憶中最有印象的片段寫下來，透過視覺化自己的故事，從過往生命中找回意義並從中學習。
- 當下覺得是天打雷劈的大事件，十年過去，可能不過是芝麻綠豆般大的小事。
- 有起伏，才算活著，生命是由許多高高低低的點所串連成的，我是我過去一切的總合。
- 回想自己是怎麼從較低的生命位置，逐步走到較高的生命熱度階段，這個過程中我做對了什麼？得到誰的幫助？

20

借力使力 一切都從一杯咖啡開始

運動員生涯規劃不是失敗時第一個被提起，
成功時第一個被拋下的東西；
運動員可以有方法有策略，有環境跟資源，
可以抬頭挺胸的從球場回到現實，找到自己生命的價值。

——中華民國運動員生涯規劃發展協會理事長，曾荃鈺

用一杯咖啡的時間
了解彼此的想法
你想要成為什麼？
你要的是什麼？
你希望我怎麼幫助你？
下一步想挑戰什麼？
你已經為這個挑戰做了些什麼？
還缺乏什麼？

厚厚烏雲的上午，像極了心情複雜又焦慮的運動員，面對腰受傷、合約金暫停、疫情衝擊沒有賽事可比、先前獎金也還沒下來的窘境，一見面，點了兩杯咖啡，我們聊了近三小時。隔天還要出席一場記者會活動跟百貨行銷宣傳的他，一坐下，雙眼炯炯有神的直視著我，沒有寒暄，我也就直接破題。

「你最近過得怎樣？」

「你想要的是什麼？」

「你想要成為什麼？」

「下一步還想要挑戰什麼？」

「你為這個挑戰已經做了些什麼？還缺乏什麼？」

「你希望我能怎樣幫助你？」

這是我最常跟二十歲左右年輕選手聊天的問句，我們的對話也真是如此，而且時常是從沒見過面的選手，身為一位運動員生涯規劃師，我們的角色是挖掘出隱藏在運動員背後的價值。

對頂尖選手來說，精華時間在三十歲以下，二十歲的他們已經到了黃金關鍵期，更應該往前衝刺，二十歲的他們，時間充裕、體力正好、自覺感受自由度最高的時期，但也往往在這個時候，也是年輕選手們最迷惘、最容易躊躇不前、最容易錯判決定；當機會滿地都是，左顧右盼，雙手捧著大把青春可以揮霍，卻又不知道機會成本怎麼計算，投資報酬率高不高，看起來做什麼決定都好，內心卻又空蕩蕩的，什麼決定都無法填補它。

在最好，也是最壞的時刻，就是價值建立的時刻

中華民國運動員生涯規劃發展協會的祕書長，同時也是前勁國際運動管理顧問

有限公司的負責人Steven，是位專職的運動經紀人，他認為：「選手在建立個人品牌的過程，其實就是讓運動員更認識自己、清楚自己的過程。」在年輕時對自己的生涯預先做思考，對於個人品牌的建立大有幫助，因此經紀人Steven有一套自己的七步驟選手養成階段，或許可以帶給我們一些啟發。

Step ❶：用一杯咖啡的時間，跟初次見面的選手先聊聊

選手很忙、經紀人也很忙，想要合作，先彼此用一杯咖啡的時間相互認識溝通，了解彼此的需要可以到什麼程度，選手在找經紀人，經紀人也在挑選手，透過提問了解雙方的價值觀，最常見的兩個問題就是：你想要的是什麼？你想要成為什麼？聽聽選手的回答，也看看選手的渴望經紀人能否幫上忙，用一個小時喝杯咖啡，短暫見面聊聊，比較不浪費彼此的時間，彼此也沒有壓力。

Step ❷：建立共同的目標

像是公司雇員會有試用期一樣，合作初期也有一個緩衝，Steven認為大概是三

個月的時間，這段時間，經紀人會與選手頻繁的溝通，選手也應該要趁這段時間提出問題與異議，確定彼此想要達成的短程、中程及長期的目標後，才有可能走到簽約的階段。

Step ❸．．簽約合作

經紀人與選手的簽約目前沒有定型化契約，也就是說，目前的簽約形式，完全是對照彼此的需求後，提出問題，也拿出可能的資源面向來彼此合作。從擬訂合約到簽訂，可能會有一個月的時間通過法務跟會計的審查，最終選手與經紀公司才會達成合作。

Step ❹．．解決選手問題

經紀人的價值在於能夠幫助選手解決問題，除了依照合約的期待處理問題之外，各種合約期間的公關處理、危機處理等都是運動經紀人的任務，經紀人其實就是解決問題的人，透過計畫（Plan）、執行（Do）、查核（Check）、行動（Act）

的戴明循環（PDCA），幫助選手逐漸往他想要的目標前進，這也是經紀人的核心價值所在。

Step 5：修正與磨合

選手是人，經紀人也是人，所有的合作都是需要一段時間來回的磨合，在過程中，雙方要不斷的來回溝通，這個過程很枯燥，卻也很必要。Steven也坦言：「其實也不是每位選手來找，都能夠幫得上忙。」要能夠雙方走得更長更久，「專業」加上「信任」，經紀人要以選手的權益為出發爭取更多，選手也要能夠相信經紀人的專業跟判斷，這段磨合的過程，時間是最長的，也是經紀人的價值所在。

Step 6：解除合約

有開始，就會有結束。經紀人如果執行完階段性的任務，就會與選手解約或是再續新的合約。其實現在運動產業慢慢的興起，如果選手清楚自己要的是什麼，不用硬被合約綁住，完成階段性任務後再去尋找新的東家，這樣的過程才是健康的。

經紀人就像是選手的「心靈捕手」，在運動場上跟場下來回的奔走，幫助選手在運動的這條夢想道路上走得更長更久。

Step ❼：選手退休

解約後的運動員並不會形同陌路，仍然是朋友，彼此關心相互的需求，只是少了工作上的義務跟費用的抽成，但是選手的退休或是職涯的轉換，這是最終必經的過程，如果合作順利，過程中都沒有解約，到了這一刻，還是要說再見。運動員的角色只是生命中角色的其中一部分，運動員退休後的第二人生，也是跟選手時期一樣是可以規劃，也值得期待的。

懂得借力，尋找能在人生低潮時扶你一把的人生教練

生涯規劃對運動員來說，就是用更長的視角看選手自己的個人品牌，要想有效

率的裝備自己，不要只靠自己，而是要與人一起合作，找到經紀人幫你妥善規劃，或是找到生命教練分享你的夢想，試著讓你未來的目標中有其他人的幫助，你的生涯才會走得更快、更穩。

人生教練（Life Coach）也是經紀人以外借力的好方法。與世界舉重冠軍郭婞淳合作近十年的林敬能教練，第一次跟郭婞淳見面時對她說：「你絕對達不到我的要求。」郭婞淳一開始並沒有把教練的話往心裡去，但是隨著年紀漸長，愈來愈希望向教練證明自己，郭婞淳說：「他總是說自己還不滿意，就差那一面（奧運金牌），他知道這種激將法對我很有用，隨著年紀愈大，我也愈容易讓這些話往心裡去，想要證明給他看。」

林敬能教練深深了解婞淳的個性，並且從小細節中默默的關心選手，從自己親手燉熬的雞湯，每次外出的報備，到婞淳二〇一四年意外受傷時無微不至的照顧；訓練上極其嚴厲不苟言笑的林教練，總是用行動默默陪伴在婞淳身邊，成為世界金牌背後最有力的推手，像家人一樣的支持，讓選手在挑戰奧運金牌的路上不會孤單。

再舉個例子，已經有二十九年教練資歷的田徑短跑教練黃春榮說：「冠軍拿過太多次了，現在我重視選手的參與跟教育更勝成績！」黃春榮培養出許多全國紀錄的選手，愛徒葉守博也在二〇二〇年全大運以十秒四五拿下一百公尺金牌，兩百公尺以二十秒八六拿下金牌並晉升台灣歷年第四傑，他的突破是內在外在的同步提升，黃春榮教練強調：「教育是長遠的，如果教練在國高中時期就急著讓選手達到成績，追求的是自己的教練表現，而並非以選手的人生發展作為主體，就容易揠苗助長，所以應該要拉長時間、放遠視野，讓選手們有機會完整的發展自己。」黃春榮教練堅信，只有選手真心喜歡上運動，未來才有可能走得更長更遠，這是多次獲得教育部基層有功教練黃春榮的教練法則，他真的是一位願意培育選手的人。

人生教練是能夠帶你從現狀達到人生目標的人。無論什麼方法，能帶你達成未來目標，激發潛能的，無論是用正面的鼓勵或是用反向的激勵，他都可能是你人生的教練。教練是為被教練者而存在的，只要我們願意尋找，教練或許會以你未曾料想過的方式出現在你眼前，他可能會在谷底時踢你一腳激勵你，也有可能會是能扶你一把讓你依靠的寬闊臂膀。

想讓自己成為有價值的運動員，先從「成為自己的經紀人」開始

我們都想要有個人生教練，就像是運動員也都希望有個運動經紀人感覺就高枕無憂了一樣，但是，從運動經紀人協助選手的經驗中我們知道，與其被動的等待別人來尋找你，不如主動的創造機會，讓自己成為教練跟經紀人想要合作的人。

商業上的合作其實就是創造價值、傳遞價值並獲取價值的過程，透過七步驟的運動經紀人尋找選手的作法，我們可以否換個角度思考，我該如何「成為自己的經紀人」呢？你可以試著用以下三個問題問自己：

1. 如果你是運動經紀人，當你看到「你自己」這位選手時，你覺得自己在經紀人眼中有哪些價值呢？
2. 如果你是運動經紀人，當你看到「你自己」這位選手時，覺得這位選手目前做得好的地方是什麼呢？

3. 如果你是運動經紀人，當你看到「你自己」這位選手時，如果要調整，第一步需要調整或加強的地方是什麼呢？

借力使力 TIPS

- 生涯規劃要懂得借力，尋找能夠扶你一把的人生教練跟運動經紀人才會省力。
- 思考運動經紀人建立選手價值的七步驟養成階段，知道自己：「想要的是什麼？」「想要成為誰？」是所有力量的核心來源。
- 每個人都該尋找一位自己的人生教練，讓未來的夢想跟目標中有其他人的同在，互賴共好生涯才會走得更快、更穩。
- 想讓自己成為有價值的運動員，先從「成為自己的經紀人」開始。

附錄

運動員生涯規劃自主學習補充包

你手上拿著的這本書，除了是裝備生涯的工具書，更可以是自主學習的好材料。如果你想要從今天開始，試著做自己個人的自主學習計畫該如何開始呢？既然是自主學習，或許我就不應該跟你說「該怎麼做」或是讓你「複製我的作法」，因為這樣都不是自主學習，看你有興趣的，從任何一個你想要的角度切入，其實都可以，因為自主學習的核心是學生的「開放性」跟「選擇權」。

成立「中華民國運動員生涯規劃發展協會」後我發現，要讓運動員可以真正成長，老師引導或介入愈多，選手的學習愈少，因此這個單元我將提供給你的是煮飯的「食材」跟「原料」，你可以試著紀錄自己覺得有意思的內容，設定自己的學習目標跟想解決的問題，利用我們提供給你的規劃表或是用自己喜歡的形式整理，你可以是畫圖、用手札紀錄、用電腦整理成簡報，或是什麼都不做當成有需要時翻閱的材料，只要對你自己想要達成的目標有幫助都很好。

接下來，我將提供給你的「食材」包含有電影、卡牌、短影片、選手ＰＰＴ故事、問句小卡、短篇文章跟長篇報導等，期待你自己烹飪出一道自主學習的好料理吧！

自主學習規劃表

自己的學習自己規劃，透過表格的梳理，你可以當成自己學習階段的成果，也可以透過記錄跟上面的提問內容，在學習的階段問自己問題，幫助自己完成自主學習。

×××的自主學習規劃表

主題名稱：一個吸引人、自己也喜歡的主題名稱是什麼？

動機：我為什麼想要做這主題？

最終目的：我希望達成什麼成果？

第一階段具體計畫：

自我覺察：我覺得哪裡怪怪的？

1. 我打算怎麼開始？分成幾個階段？（具體的時間日期）
2. 我預計查考哪些資料？我打算用哪些具體的方法或策略梳理並呈現我查到的資料？
3. 我會問自己哪些延伸問題幫助我達成階段性的目標？
4. 我在上面這三個問題回答的過程中，學到了什麼？

第二階段具體計畫：

自我探究：我理想中想要的結果是什麼？去掉那些障礙就可以達成我的目標？

1. 我打算怎麼開始？分成幾個階段？（具體的時間日期）
2. 我預計查考哪些資料？我打算用哪些具體的方法或策略梳理並呈現我查到的資料？
3. 我會問自己哪些延伸問題幫助我達成階段性的目標？
4. 我在上面這三個問題回答的過程中，學到了什麼？

第三階段具體計畫：

自我反思：有沒有其他人也遇到過類似的問題？我在自主解決問題的過程中，又有想到哪些新的問題？

1. 我打算怎麼開始？分成幾個階段？（具體的時間日期）
2. 我預計查考哪些資料？我打算用哪些具體的方法或策略梳理並呈現我查到的資料？

3. 我會問自己哪些延伸問題幫助我達成階段性的目標？

4. 我在上面這三個問題回答的過程中，學到了什麼？

未來延伸：這個階段完成了，先暫停在這邊，未來如果要再往下延伸，我可以朝哪些方向前進？

▶自主學習規劃表表格下載

十部運動生涯議題電影推薦

運動電影很多，特別挑選我自己看過且很喜歡的傳記電影，每一部電影我都曾經跟朋友討論過或是製作過學習單跟學生一起學習。電影是微觀的人生，透過情節脈絡跟導演的視角，讓我們可以窺看到不同的時空情境與思考當下選手的選擇，以下電影推薦給各位。

- 《馬拉松小子》：韓國電影，根據一名有自閉症的馬拉松選手裴炯振的真實故事改編。二十歲的楚原有自閉症，喜歡畫斑馬，喜歡跑步，媽媽希望馬拉松教練能訓練楚原，讓他接受運動的挑戰，但沒人認為楚原會成功，只有媽媽相信他，但當楚原終於被成功訓練成跑者時，媽媽卻病倒送進醫院。而楚原期待已久的馬拉松比賽，亦即將展開……
- 《翻滾吧男孩》：由台灣導演林育賢所拍攝的一部體操運動紀錄片。片中呈現宜蘭縣羅東鎮公正國小體操隊訓練、比賽的情形，現在台灣的鞍馬王子李智凱正是當時由男孩轉大人的選手之一。
- 《傳奇42號》：紀錄第一位打破美國種族隔離，進入美國職棒大聯盟布魯克林道奇隊的傳奇球星傑基·羅賓森的故事，由真人真事改編的電影，傑基·羅賓森不但是美國職棒大聯盟史上第一位非裔球員，之後每年四月十五日美國職棒全部的球隊都會穿上42號球衣紀念這位偉大的傳奇球員。

- 《帕奧精神鳳凰高飛》：得獎的Netflix紀錄影集，紀錄許多運動員和業界人士回顧帕運會（身心障礙者運動會），並檢視這些運動盛會如何影響了全世界對於對於身心障礙，運動的多元性以及對卓越追求的定義。
- 《是誰在造神》：改編自震撼全球的真實新聞事件，描述一名體育記者堅信連續七年獲得環法自行車冠軍的知名車手藍斯・阿姆斯壯在一九九三年至二〇一三年的職業運動生涯中使用禁藥奪冠的故事，在禁藥跟反禁藥的攻防戰中，此片引發更多人對於運動禁藥的關注。
- 《奔跑吧人生》：談運動中的種族與問題，主軸圍繞在美國傳奇黑人田徑選手傑西歐文斯（Jesse Owens）一九三六年參加柏林夏季奧運會上，在歧視有色人種的納粹元首希特勒面前，獲得了創紀錄的四枚金牌的感人故事。
- 《卡特教頭》：真人真事改編的經典籃球電影之一，兇巴巴的高中籃球教練卡特，不但要求球員在場上全力以赴，也要求不准放棄課業，因而面對家長與同事的激烈反彈。
- 《魔球》：談運動數據與球隊經營的故事。大聯盟運動家隊的總經理，在經費拮据，沒有選手願意來的情況下，率先採用比賽的大數據評測球員的未來表現，將每一位個性不同的選手放在對的位置上，取得賽事的勝利。

- 《深夜加油站遇見蘇格拉底》：劇情片，電影改編自丹．米爾曼的一九八〇年同名小說。米爾曼是一位優秀的體操選手，恃才傲物的他自認擁有一切都是自己努力的功勞，一次惡夢醒來，他在深夜的加油站裡，米爾曼遇見一位神祕的老人，跟他學習許多對生命的哲理，從此改變了他的生活。
- 《一百公尺的人生》：改編自西班牙真人真事電影，描述一位成功的企業家，在得知自己罹患多發性硬化症後，決心為了家人跑完鐵人三項的感人故事。影片中有許多選手的訓練過程跟鐵人三項訓練的細節描述，故事真摯動人，充滿正面的力量。

十天認識自己的自我練習

由中華民國運動員生涯規劃發展協會製作的十天認識自己的自我練習小卡，您可以搭配每一張小卡的練習問句詢問自己或是跟朋友們互相聊天討論，在每個不同的生命階段，用好玩有趣的方式認識自己的不同面向，是生涯規劃中最重要的事。

▶十天認識自我練習小卡

十個值得討論研究的運動生涯延伸專題

運動的議題充斥在日常生活中，除了生涯規劃，運動周邊的延伸討論內容很多，也值得你關注討論，以下列出十個生涯規劃延伸討論的議題內容，對於想要深入探究思考的朋友們可以參考。（可以上網搜尋這些討論議題，或是搜尋運動員生涯規劃師曾荃鈺在運動視界的專欄文章都有延伸資料可以參考唷！）

- 運動能當飯吃？談運動的意義——運動真的有意義嗎？
- 你到底在練習什麼？什麼是運動員的刻意練習？
- 談身體覺察：動作控制只來自我的意念嗎？身體扮演怎樣的角色？
- 典範運動員到底是如何養成的？是什麼造就出一位優秀的運動員？
- 心智鍛鍊：如何與挫折共處？兩難選擇如何兼顧？
- 運動禁藥為什麼難以遏止？道德與運動表現的選擇。
- 贊助商與運動員的關係是什麼？贊助商該如何跟運動員互利共生？能讓選手生涯加分嗎？
- 選擇用中華台北奧會出賽，我們犧牲了什麼？談奧會模式與IOC的關係。
- 職籃開啟搶人大戰了嗎？球隊多一定好嗎？
- 微笑看奧運：只有選手可以參加奧運嗎？運動員的核心價值是什麼？

十個用聽的中文運動Podcast節目推薦

- 運動視界啪：以運動時事、人物故事為主的Podcast節目。由運動視界製作，透過聲音與每位作家、來賓深入聊聊不同領域的運動消息、人生故事或是寫作經驗，讓聽眾體驗更不一樣的運動視界。
- Hito大聯盟：是全世界第一個中文MLB主題的Podcast，由兩位棒壇知名的專業主持人／前駐美特派記者Adam、《好球帶》的李秉昇，並不定期會邀集不同的來賓來到節目中。
- 小卓一下：由前體育主播、TSNA執行長卓君澤製作的Podcast節目，除了有即時性的時事報導之外，也會邀集來賓一起來聊聊體壇大小事。尤其卓君澤過去也是在前線作戰的一線媒體人，與業界人士皆相當熟悉，能帶給聽眾更多不一樣的資訊。
- 小人物上籃：中文世界第一個NBA籃球Podcast。節目宗旨秉持每個人都是小人物、都可以參與討論的精神，邀請各方來自不同領域背景的小人物來賓，提供不同於主流媒體的觀點。除了典型的賽事、球員、教練討論以外，也有包括球探、數據工程師、大學籃球、裁判、球隊文化與台灣基層教練、HBL等議題，甚至包括種族同志、川普等，也都是討論項目。

- 野球抬牡蠣：台灣第一個專門討論日本職棒的Podcast節目，由「滾羊の一番生ビール」的滾羊和「日公野球41番地」的艾迪主持，每週都會帶給大家許多與日本棒球的相關話題，讓聽眾朋友能夠跟上話題、也可以更加深入了解日本職棒。

- 耕我閒聊：由喜歡談運動社會議題跟體育文化主題的深耕運動事業工作室負責人許元耕（阿耕），同時也是XTERRA越野三項職業選手，YouTuber，喜歡閒聊，看起來好像在運動場談天，但談的都是運動社會與體育文化。

- 下班尬一下：由悍創運動行銷創辦人張運智Eric創立的Podcast節目，張運智希望透過這個節目，可以讓更多人喜愛運動、並且也投入運動。節目主要分為「動人物」、「動健康」、「動傢私」三大主要主題，動人物會邀請不同運動領域的職業選手，分享在亮麗成績背後的訓練甘苦或是心路歷程。動健康則會邀集運動營養、運動治療師等專家來教導大家，希望大家可以動得更健康、完全不受傷。動傢私希望能帶給大家更多不同的運動產業知識，讓大家知道運動不只是動，也有更多有趣與有新意的地方。

- 空中荃運會：由運動員生涯規劃師曾荃鈺以運動員生命故事跟深度訪談為主軸的Podcast節目，原本是廣播公司主持人的曾荃鈺，邀請各界選手擔任來賓分享因為運動創造出嶄新跟不可預期的人生故事，主持人本身對體育運動生涯規劃專業度高，廣播節目也曾經入圍過兩屆金鐘獎教育文化節目主持人獎的肯定。
- 跑步不要聽：由體育主播田鴻魁（魁哥）跟最速總經理象總（王冠翔）雙搭主持的跑步節目，兩位有多年國際馬拉松經驗跟六大馬經驗，分享跑步時的各種細節、音樂、放鬆跟馬拉松話題，風格有趣輕鬆，令人好奇。
- 九局上半：是專門報導中華職棒的Podcast節目，由MLB轉播球評，台灣棒球選手耿胖（耿伯軒）跟麥克雙搭主持的深度球員分析節目。耿伯軒曾到美國職棒多倫多藍鳥隊小聯盟發展，回台後也曾效力於中華職棒Lamigo桃猿、中信兄弟隊，守備位置是投手，目前則擔任少棒隊教練、美國職棒聖地牙哥教士隊球探，分析到位，節目都在四十分鐘以內，輕薄短小方便收聽。

十本運動選手傳記書籍推薦

運動書籍很多，但又是知名運動員又可以跨領域出個人傳記的肯定不簡單，推薦十本運動選手傳記，有些事項目的不同，有些是時代下的鑽石，每本書也代表了他們自己的心血結晶，推薦給有興趣延伸閱讀選手傳記的你。

- 張嗣漢《教練自己》：籃球
- 莎拉波娃《勇往直前》：網球
- 柯瑞《平凡中的不一樣》：籃球
- 張嘉哲《永不放棄的跑者魂》：馬拉松
- 《天才的人間力，鈴木一朗》：棒球
- 《阿格西自傳》：網球

- 《永不後退：邁克·泰森唯一自傳》：拳擊
- 《盧彥勳的堅持》：網球
- 《球學：哈佛跑鋒何凱成的翻轉教育》：橄欖球
- 《不求勝的英雄》陳金鋒：棒球

三十位運動員生命故事演講投影片

過去陪伴過許多運動選手演講，有些亞奧運選手的故事，陪伴了許多校園師生跟體育班孩子，他們深受啟發，我相信你們也可以有所感動。分享三十位優秀運動員的簡報圖文給各位參考，希望你也可以從運動員身上感動的故事裡，找到自己生涯前進的力量。

▶三十位菁英運動員演講投影片（QR code）

給學校教練的運動員生涯規劃課程服務：

中華民國運動員生涯規劃發展協會，自二〇二一年開始發展一系列的運動員生涯教育陪伴式課程，針對偏鄉體育班生做長期生涯陪伴，同時為教練減輕室內體育課程教學的負擔。面對職涯風險性高、三十五歲前就退休的運動員角色來說，擁有生涯規劃理念並有意識的提前思考布局相當重要，如有課程合作需求，歡迎學校與各級單位教練填寫表單與我們聯繫。

▶表單連結 https://forms.gle/o9ibMHHbs6VVyRFnJ6

中華民國運動員生涯規劃發展協會聯繫方式：

▶追蹤我們：https://linktr.ee/abcda

追蹤ＩＧ運動待轉區：https://www.instagram.com/abcda_2019/

▶運動員生涯規劃完整線上學習補充包（QR code）

愛　生　活　　061

場外人生：運動員送給迷惘的我們 20 種力量

國家圖書館出版品預行編目 (CIP) 資料

場外人生：運動員送給迷惘的我們 20 種力量 / 曾荃鈺著 . -- 初版 . -- 臺北市：健行文化出版事業有限公司出版：九歌出版社有限公司發行，2022.01

面；　公分 . -- (愛生活；61)

ISBN 978-626-95026-7-7(平裝)

1. 自我實現 2. 成功法

177.2　　110019834

作　　者── 曾荃鈺
責任編輯── 曾敏英
編輯協力── 張凱傑、王雅立、郭俊揚、吳佩珊、邱郁文
發 行 人── 蔡澤蘋
出　　版── 健行文化出版事業有限公司
台北市 105 八德路 3 段 12 巷 57 弄 40 號
電話／ 02-25776564・傳真／ 02-25789205
郵政劃撥／ 0112263-4

九歌文學網　www.chiuko.com.tw

印　　刷── 晨捷印製股份有限公司
法律顧問── 龍躍天律師 ・ 蕭雄淋律師 ・ 董安丹律師
初　　版── 2022 年 1 月
初版 4 印── 2024 年 3 月
定　　價── 380 元
書　　號── 0207061
I S B N ── 978-626-95026-7-7
9786269556212(PDF)
（缺頁、破損或裝訂錯誤，請寄回本公司更換）